關聖帝君籤詩開示語錄

數千年來解決人生疑惑的方法甚多，其中不分貴賤、智愚，
最為通俗廣用者莫如「問籤」，此法歷久不衰，
甚且愈在科技昌明時代愈為人心決疑；
在歷史的洪流中，不知多少事物與道理，倏興倏滅於其中，

陳亮甫——著

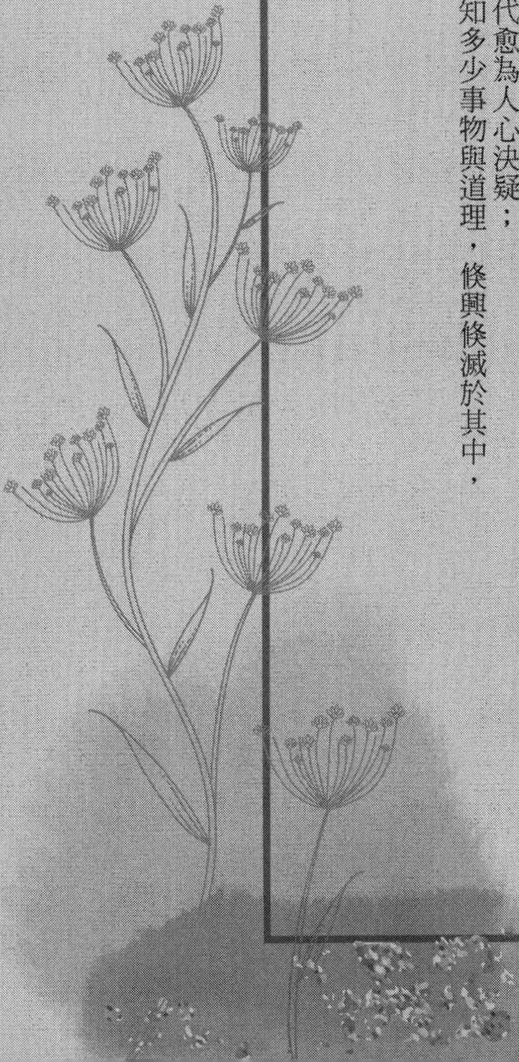

第二十六籤

克勤克儉有嘉謀　為利須兼十倍收
急把紫鞭鞭紫馬　看君絲帛積山邱

第二十七籤

公子王孫作主人　豈愁豪俠與頑嚚
官清馬瘦休懷恨　到底身貧道不貧

第二十八籤

養瘠成疽切自防　莫教蔓衍恐難當
幾多白眼人相顧　暗地穿窬作計長

第二十九籤

作善應須降百祥　門庭具盛事非常
濟人初愿君無負　看取堂前桂子香

第三十籤

斂黛佳人仰看天　堂前鶴去月空圓
天淵浩浩津涯遠　迅浪癡風恐覆船

第三十一籤

寒窗儒士遇昌時　天日清明奴隸知
朝野和諧魚鳥樂　遐方戎狄盡雍熙

第三十二籤

九轉丹砂功已成　臨風牽動覺身輕
有人問我前程事　名利途中總稱情

第三十三籤

甜言善語似開懷　纔入牢籠撥不開
酒色氣財宜早戒　貪得不免有非災

第三十四籤

人生定業固無訛　引頸迎刀復奈何
若向空門閑寄跡　恩波雨露不勝多

第三十五籤

蓬窗草舍暫淹留　知命樂天休謾愁
竚待震雷驚曲竇　直教群蟄盡回頭

第三十六籤

蝸休龜隱沒蓬蒿　虎伏龍降道愈高
自得山林泉石趣　不愁饑饉與兵刀

第三十七籤

富潤屋兮德潤身　綽然出義復居仁
安如山岳難移動　百福千祥日日臻

第三十八籤

道如在己應多助　德若周身自不孤
好似心靈因福至　洋洋令聞滿江湖

第三十九籤

駟馬高車走九衢　不須首鼠與狐疑
運斤斲堊誇精手　指日聲名謁漢都

第四十籤

老樹生花滿目春　福生災散戶門新
幾多好事今成就　自是踈中卻有親

第四十一籤

一花將謝一花開　事若求全意轉猜
猶喜根深宜蒂固　到頭難免喜中哀

第四十二籤

事如鑽火始逢煙　手若停時冷不然
機會既來須急就　清風明月九秋天

第四十三籤

火然方始滅何難　原燎如今千萬山
更欲延年除痼疾　要須玉髓與金丹

第四十四籤

勝負榮枯反掌間　急圖活法濟艱難
眼前清濁須分別　莫作尋常容易看

第四十五籤

金馬玉堂知有分　青燈黃卷可留心
勸君動用休狂妄　且要功夫積累深

第四十六籤

動用周旋戒自輕　君須持重有威名
黃金非寶休貪戀　且向源頭辨濁清

第四十七籤

安居健馬走通衢　苦澀辛酸今日無
有法持盈君識否　謙溫恭儉可無虞

第四十八籤

市朝鐘鼎信無因　宜覓山林避世塵
處此須知通變法　遠圖當問白頭人

第四十九籤

多防手足致憂來　禱鬼求神枉費財
雲去月來花弄影　不須愁懼不須猜

第五十籤

須知口是禍之門　只可三緘莫浪言
不若用和為貴美　團團碧月滿乾坤

第五十一籤

無端眼目不分明　莫怨神嗔鬼負凌
賴有撥雲高妙手　要知方寸冷如冰

第七十八籤

金為從剛多缺裂　水因居下固淵源
請將仁義為干櫓　四海無非為弟昆

第七十九籤

莫將幻術鴆他人　利口從來不利身
羝羊觸藩方自悔　何如今日莫貪嗔

第八十籤

宜將活法捲還舒　膠柱調弦抑下愚
巢穴未安宜改創　匱藏美玉待時活

第八十一籤

風帆縹緲泛中流　劍墮中流枉刻舟
戰馬將軍今已去　須移巢穴向龍頭

第八十二籤

舉動猖狂信任輕　岸移不悟是舟行
欲求佳偶相和合　草木頭邊是姓名

第八十三籤

曾經霜雪畏梅花　似此勤拳意頗嘉
遇鬼請君因就鬼　眼前人事免紛華

第八十四籤

事如失馬不須愁　寧耐身心莫妄謀
作善終須來百福　明朝喜慶又從頭

第八十五籤

圖利圖名雖異道　事神事鬼總無功
蒼天自有安排處　行盡江南路始通

第八十六籤

一聲霹靂動天門　萬國懽忻雨露新
不但蛟龍能奮發　飛潛動植盡沾恩

第八十七籤

難中求易又為謀　易處求難又得收
難易若能加體認　碧水連天自浮漚

第八十八籤

鷸蚌相持漁者利　大家何用苦紛紛
正人萬事皆從正　回首西山望白雲

第八十九籤

荷中珠露照人明　一陣風來珠露傾
莫信傳聞虛妄語　九江波浪未安寧

第九十籤

醉眼生花不自安　莫將弓影做蛇看
門前樹老人方貴　江上潮平舟自還

第九十一籤

壯士須當達太虛　君如趨下有災虞
一朝忽中暗中箭　何異清淵龍化魚

第九十二籤

莫挺豪強莫附炎　須知剛克在沉潛
能于淡處尋濃味　天道流謙地益謙

第九十三籤

蛟龍戰鬥事非常　魚鱉無辜及禍殃
所得未能償所失　更于陰地細評量

第九十四籤

毛羽自浮石自沉　就中得失莫容心
但將仁義為心法　無臭無聲自鑑臨

第九十五籤

欲誅逆黨信非難　諭可回天力拔山
況復體仁無妄殺　三軍將有凱歌還

第九十六籤

登山始信天尤遠　入水方知地更深
回首家鄉尋熟路　白衣親舊自知音

第九十七籤

幾年鼓瑟齊門外　道不相同事轉差
錯路若能回故步　春風何地不開花

第九十八籤

美玉璠璵價莫酬　壯如砥柱砣中流
任他鄰伴生嗔喜　暑往寒來春復秋

第九十九籤

揠苗助長是狂謀　見卵無為時夜求
自有一區得卜吉　請君回首探源流

第一〇〇籤

居間虛耗建瓴勢　臨事艱難逆水船
雖有佳人調密約　好姻緣是惡姻緣

第一〇一籤

孕必生男誠坦然　婚姻佳偶價多錢
田蠶豐熟皆遂意　六畜孳生事事便

序

中華文化源遠流長，博大精深；仰體先聖先賢啓智教化之功，吾人若不能踵武揭新，至少亦應繼承光大，俾免諸般厚生利民之法湮沒不傳。

儘管今世科技昌明，日新月異，人類可以輕易往返月球，各式太空科技甚至遠拂諸星，然而歷數千年來人類爲追求生存、探索生命，藉以提升存在的價値與意義所面臨的人生問題，本質上迄未改變，且解決各種人生問題的方法亦未隨昌明的科技學術而與之俱進，以致近百年來，在科技主觀立場上被譏笑爲「迷信」的風水、占卜、求籤……等前人據以參抉人生取向的方法仍然存在，且仍然扮演著爲人決疑以及指引趨避的功能角色，似乎在當今科技境外，它仍有廣袤無涯的空間，因爲人生問題的屬性是靈與肉的，就是所謂的精神與物質的，此二者相互彰顯，乃能推演幽顯，生生不息，使生命有形而上的意義同時又具備形而下的豐富，生命透過如此這般的經緯編織與千百鍾鍊，才能漸次成長提升，這種生命自然追求成長的「律」，一如花卉植物之不需教導，自然會生長開花，使生命圓滿般的與眾生同在；

而幫助眾生發展這種「律」，追求生命意義的作為，即是所謂的「厚生」；同時藉萬事萬物互相效力，使眾生生活知所趨避，透過生活提升生命的各種方法，亦即所謂的「利民」；因此我們可以說，只要是能幫助我們認知生活的目的，進而提升生命意義的各種方法，皆可謂之為「厚生利民」之道。亦可說此「厚生利民之道」就是能銜接我們精神與物質，或形而上與形而下兩方面的雙向橋樑。

偏偏當前科技所能解決的只是生活中、物質上的部份問題，而且許多學說與物品的發明，也有愈用愈見其弊之處，因此雖然實質上有助於部份的厚生利民，然總像一座單向而又不夠寬廣的橋樑，有著無法滿足人們殷切、渴望快速溝通兩地的遺憾，對生活的形下部份猶且不足，遑論對生命的形上部份有所滿足呢？

人生有涯，時間不容我們泥陷不起，亦更不容許我們在時刻必須判斷、必須選擇的人生旅途中，誤入歧途後重新出發，君不見在失敗的人群中，固然多半是自己不夠努力的人，但那些努力而不必然成功，卻因諸般自己和當今科技文明所不能掌控之因素而失敗的人，又何嘗不是非戰之罪，或天不假人而徒呼負負呢？「再回首已百年身」，這時不我予、長恨綿綿的責任誰能代為償付呢？是天、地？是那位學者？還是那一種學說？或是那一種口口聲聲反「迷信」的科技呢？

筆者以爲，至少在目前尚未尋得一項放諸四海而皆準的標準答案之前，既有的經驗法則當可供吾人參考對照，啓發吾人在生活中做正確的判斷選擇，減少吾人因乖妄之慾而自誤誤人的情事，如此則實質地幫助人我趨吉避凶，避免浪費生命有限的時光，進而由充實生活、認知生命而使個人、社會靈命和諧更臻新域。

吾國數千年來解決人生疑惑的方法甚多，其中不分貴賤、智愚，最爲通俗廣用者莫如「問籤」，此法歷久不衰，甚且愈在科技昌明時代愈爲人心決疑；在歷史的洪流中，不知多少事物與道理，倏興倏滅於其中，在天人、體用多角而長期嚴酷的篩檢中，「存在就有價值」，只要是不違反天理、倫常與道德，又能兼顧形上、形下，厚生利民的經驗法則，吾人實無排斥的理由，不是嗎？

本書所解者爲武聖關帝君聖籤，全書計一百零一籤，旨在方便讀者藉以決疑。唯吾人應知問籤所得之籤詩非屬通解性質，由於問籤所獲，係至誠所感，當與所問之事旨趣相符方顯決引明確，否則牛頭不對馬嘴式的以一籤而通解萬事，均屬虛妄之用，實不足取，吾人不可不有敬慎之心。古今多傳籤詩奇驗故事，本文節贅不表，願待讀者體驗之；至於籤詩自何而來及其奇驗之原理爲何，亦非本書解用之範疇，筆者謹以「千載以降仍有大用」一語勉饗之。

陳亮甫　謹識
民八十七年十二月八日

竹籤的製作

一、擇修直之竹，剖成長約三十六公分、寬不超過二公分、厚約〇．三公分的竹籤片，計一百零一支。

二、將右述一百零一支竹籤合攏握量其圓周後，依其圓周直徑長度的一．五倍做爲籤筒之口徑數據概數，筒型以圓型爲佳，方型或六邊、八邊型次之；筒高則以籤長的三分之二較爲合宜；籤筒材質則以毛竹或較有彈性之高級木材（如松、柏、柚木等）爲佳，玻璃、塑膠或聚酯纖維類等材質次之，唯忌鐵質。

三、依本書所示之一百零一則籤詩，以雕刻刀刻之於竹籤片上（如左圖示），籤筒則可保持素面或以自己喜好的字體形狀、大小、排列方式來設計，刻上「關帝君聖籤」等字並著色之。

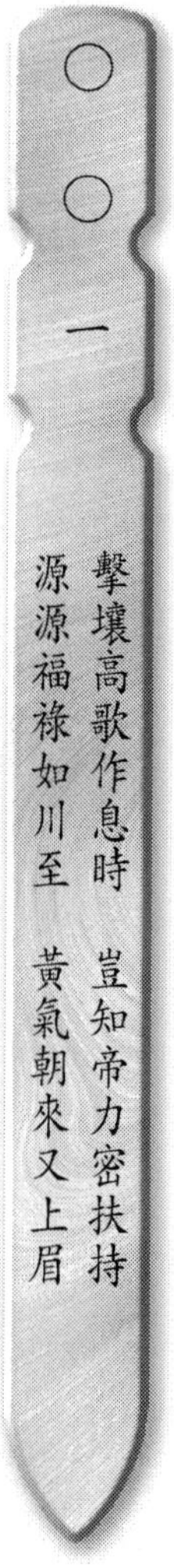
一
擊壤高歌作息時　豈知帝力密扶持
源源福祿如川至　黃氣朝來又上眉

※1．右圖僅爲詩題刻做法的示意，並非標準尺寸。

2．若只在竹籤片上刻籤數而不刻籤詩，俟得籤後再行翻查本書亦可。

問籤

一、擇一靜淨之室，在不受干擾的情形下，雙手握住盛有一百零一支籤的籤筒，面北俯首將心中所欲求問之事，以明確的主題默禱祈求籤示之，然後將籤筒口向前（北）略斜約四十五度左右，以雙手握筒連續上下約十五度振幅，上下振搖之，如此振搖數次或數十次後，若有某籤跳出或掉落筒外者即是問籤所獲之籤；若振搖數十次（一段時間）過後，仍未出籤，則可取最明顯突出之某籤爲問籤所獲之籤；若皆齊頭並無某籤特別突出者，則可重新默禱疑難後，再行搖籤至獲籤爲止。

二、若籤筒係雙手不便把握之方形筒，則可面北將之置於案上，默禱疑難後，以右手於筒中任抽一籤即爲問籤所獲之籤，然以右述之法較佳。

三、默禱求籤之時，務必心靈澄虔，問題單一而明白，切忌心浮氣躁，憂喜在心或預設主觀答案，或一問數題（例如：又問財運又問婚姻……等），如此方能天人合一，至誠有應。

收存

依前述方式將籤及筒製作完成後，直接以紅布（或紅絲絨布）所縫製之囊袋貯之，妥存於不常翻動之櫥、櫃、案、屜之內待用即可。凡信奉關聖帝君者，可持籤及筒赴關聖帝君廟，於帝君之前跪捧祝告「啓籤」之用後，再於香爐上繞薰數匝收存待用。

一
擊壤高歌作息時　豈知帝力密扶持
源源福祿如川至　黃氣朝來又上眉

詞註

一、擊壤：意謂持農具破土耕作之意。

二、高歌：即形容能樂天知命，不憂不懼，在順境、逆境中皆能順應泰然，且心中長存沛然情感適時發抒之意；它或許是眞正發抒心中愉悅的歌聲，或許也是一種知命應運的達觀境界。

三、帝力：本書籤詩爲關聖帝君籤詩，故此處即直指關聖帝君之神力也；然亦可附解爲「大貴人之助力」也。

四、密扶持：謂暗中扶助、護持之意。

五、黃氣：謂貴氣、財氣、喜氣……等好運氣之意。

六、朝來：謂向著自己而來之意。

七、上眉：謂喜上眉梢、層層高之意。

語解

在這個我們日復一日、樂天知命的辛勤工作，規律的起居生活當下，由於我們過去的努力做人做事，深深地感動關聖帝君（天地），而獲得了帝君（天地）的力量，在暗中給予我們扶助與護持，減少我們的困難，掃除了許多的災厄；不但如此，今後將更有如大河一般滾滾而來的祝福，夾著澎澎湃湃的貴氣、財氣、喜氣……等好運氣向我們直奔而來，讓我們稱心滿懷，甚至喜上眉梢，揚眉吐氣。

批斷

得此籤者，意謂著由於過去樂天認命的修持，已然通過了諸般不遂，今後只要仍持誠意正心的修持工夫為人處世，一定會獲得帝君（天地）的暗助或貴人的幫助，使運氣自逆而順而發，不但事事稱心如意，且大有獲得名利的機會。

此乃黃氣上眉、福祿源源之籤示也。

二
雖將粟米種春泥　耘耔功夫要及時
處此但將勤補拙　功多厚賞信何疑

詞註

一、粟米：此處非指俗稱的小米或高粱等穀物，而是指農人用以做種耔的未春去殼的穀子。

二、春泥：係指開春化冰，地氣上升，濕潤肥沃，適合耕作栽種的土壤。（亦爲好地理、好環境的形容。）

三、耘：除草的作爲。

四、耔：以肥料特別培育種子使成爲苗的作爲。

五、及時：意即要趁早，要快，要趕得上好時機，莫蹉跎時光之謂。

六、功多：即功夫下得深之意。

七、厚賞：即祝福大、收穫多、酬賞豐之意。

八、信：必然不會有差遲（錯）的意思。

語解

雖然手上握有肥美的粟種和春泥的良好條件與機會，但我們一定要懂得及時善用，才能產生實際的效果，這就好像在初春前就要事先做好育種培苗的準備，適時的鬆土、耘草、栽種秧苗一般，要快且不可錯過農時，否則將造成以後糧食歉收的嚴重後果，這種天時、人事與作物的「三合一」，是不能有差錯的；這就表示我們現在所處的時空因素與客觀要件，不容許我們荒疏怠惰，應就眼前所擁有的條件與狀況作客觀的分析，知道我們的所長與所短，所擁有的與所不足的，然後勤下功夫，努力加強原來所短的或所不足的，同時善加發揮原來所長的或所有的，只要將這種功夫做得多、下得深，就必然會有豐富的酬賞與收穫，這是天地之間永世不變的律法，何必再有所遲疑呢？

批斷

得此籤者，當下自身有良好的條件，亦有好的環境與機會，應當要自勉。只要方向是合乎法、理、情的好事，只要不是強求而來的工作或機會，都應努力把握，全力向前，同時也要注意做好相關之準備工作與配套措施，不可有勇無謀；如果用這種積極進取卻又不失審慎周延的態度與作為來勤下苦功，美好的未來指日可待，否則恐將蹉跎貽誤而長嘆了。

此乃勤能補拙、功深利多之籤示也。

三

消息盈虧理自然　莫將淚眼問青天
甑如已破休回顧　來歲秋天月復圓

詞註

一、消息：《易經》之理指出陰陽對待、相互推移，陽長陰卻是謂「息」，陽卻陰長是謂「消」，如此陽消則陰息，陽息則陰消，一來一往，一起一落，互相推演，此爲日月星辰運轉之理，亦爲人事興衰起落、禍移相倚之理。

二、盈虧：爲圓滿與缺損之意，有如日月之陰晴圓缺，潮汐的漲退起落，此處所示之意境與「消息」同。

三、淚眼：因傷心、悲憤而垂淚的眼神、表情。

四、青天：爲朗朗乾坤、無私天理或自然法則的代名詞與形容詞，亦可喻爲所崇奉的神明。

五、甑如：甑者，瓦質炊具是也；如者，無意義之語助詞也。

六、來歲：明年之謂。

語解

在天地、日月與大自然之間，我們可以透過對萬般自然現象的觀察，明白萬事萬物互相對立又互相推移的道理，這項萬世不變的自然律法看似互相對立，實則卻也互相效力，互補共生而同在，就像太陽有陰晴，月亮有圓缺，天候有四季，海潮有起落一般，此去則彼來，此來則彼去，有消就有息，有盈就有虧。所以，雖然我們現在吃虧受到傷害，鬱鬱不得志，若能參透此間消息盈虧的天理，又何必用淚眼或悲憤或幽怨的質問蒼天呢？

過去我們所擁有的不論是名、是利、是地位、是權勢、是財祿，或是健康、是感情……，既然已經像被摔破了的瓦質炊具一般，失去了原來的美好，也不再能對我們有所助益，我們就不應該再沉湎於這些已然失去的，否則將會使我們意志消沉或做出錯誤的反射、反應，到頭來對自己絕對沒有好處。

所以，正確的態度應該是理性的自我反省，既有的優點要繼續保持；既有的缺點要虛心改進。如此不怨於天，不尤於人，本份自持，修己立人。根據消息盈虧的道理，晦氣將離我們遠去，瑞氣則將順勢而回，而且時間不會太慢，就在明年的秋天，我們必然會像月亮圓滿般的明亮發光，熠熠照人。

批斷

得此籤者，凡事應參透本籤所示的天理，深自省察，沉潛養志，待時而動，不可造次，若能如此而不怨天、不尤人，不鑽牛角尖的沉湎於往事，那麼必將因退而有力再進，因禍而反致延福，在來年之秋將有東山再起，缺而復圓之應。

此月缺復圓、隱而重顯之籤示也。

四

腐菰蟲生木蝎中　龍膏鳳髓恐無功
鬼神夢昧天高遠　失楫中流遇逆風

詞註

一、腐菰：菰者，蔬類植物，生於陂澤，高五、六尺左右，葉如蒲葦，春秋二季時，中心生出白臺，狀如藕而軟，稱菰菜，俗稱茭白。腐菰即腐爛的、腐朽的菰菜。

二、木蝎：蝎者，爲木中蠹蟲之通名也。木蝎亦即蠹蟲。

三、龍膏鳳髓：膏、髓皆爲動物精華的凝脂也；膏亦爲陽（雄）性之精；髓亦爲陰（雌）性之血，俱爲生命之元也。龍膏鳳髓亦即爲最好的藥物、最好的營養品，或是最能滋潤生命的物品之形容詞。

四、夢昧：昧者爲昏迷之意；夢昧則形容有如昏迷在睡夢中沒有反應一般。（按此夢昧與夢寐不同，夢寐者爲寤寐不忘之意。）

五、天：係指所希望達成的目標、理想；亦可廣義的視之爲我們所求助的對象（不論是人或神）。

六、高遠：意謂著離我們既高且遠，是可望而不可得，可見而不可及或求助的對象幫不到我們的形容詞。

七、失楫：楫即槳也，爲舟渡不可或缺的工具。失楫意謂著失去了所憑仗、所依恃的主要條件、力量或支持者的險況。

八、中流：謂渡河到最危險的河心半途之處。

語解

當前我們的處境，就如同菰菜被蠹蟲嚴重的蛀食而腐朽，即使用有如龍精鳳精血那般良藥都難以起死回生的危險程度；雖然我們有著雄心壯志，希望能夠成就理想，但是我們所求助的對象，或所有能幫助我們的人，都像是昏迷在睡夢中的鬼神一般，無法發揮力量，有效的助益我們，使我們沒有憑仗，無所依恃，致使希望與理想變得落空又遙不可及，這種情形與渡河到河心最危險之處，卻失去了船槳，又遇到了逆風，使我們不進反退的情形又有何不同呢?!

批斷

得此籤者，凡所求問之事，皆屬不妙，應即調整心態，檢討內部，修正策略，暫置遠程目標，另訂近程目標，以退為進、以守為攻，或養氣為藥，適心以對；因為我們所處的情況是腐蠹內生、病入膏肓、理想落空、中途遇險的困險絕境，怎能再輕舉妄動呢？

此乃中流失楫、徒勞無功之籤示也。

五

否若極時泰自來　從君抖搜出塵埃
門闌當有非常喜　寒谷春回花再開

詞註

一、否、泰：皆《易經》中卦名也；泰示順，否示逆；易理謂陽極變陰，陰極變陽，暗極而明，明極則暗，順極轉逆，逆極轉順，此不變的自然、人事法則也，亦即晝夜、興衰、生死、順逆的張本。

二、從君：即依就你、追隨你、服侍你的意思。

三、抖搜：即抖擻是也；爲精神振奮、渾身是勁的意思。

四、塵埃：爲人之不得志而蒙塵之意；形容人因不如意而屈居卑下。

五、門闌：門爲居屋可開闔供進出的兩扇掩遮板者（古以兩扇者稱門，單扇者稱戶）。闌，爲門外之遮也，亦即緊鄰於門外的護門柵也，其柵高不過門高之半。今通稱門闌爲門戶之意。

六、寒谷：意指幽靜、冷清、花草樹木俱少的貧瘠山谷，是形容失意者無人聞問，門可羅雀的冷清門第。

語解

目前我們的運氣不佳，諸事不順，但沒有關係，只要修心養志以待時，當我們的厄運磨盡了以後，就是一切順境的開始，屆時好運將會伴隨著我們，讓我們神清氣爽、精神抖擻、渾身是勁、意氣昂揚的離開昔日卑微不得志的窘境，且有非凡尋常的好運道、好機會、妙佳音來到我們的門戶家宅，使久已無人聞問，甚至門可羅雀的冷清門第，重新如春回大地般的風光熱鬧起來。

批斷

得此籤者，即將否極泰來，諸事亨通，唯應善予因應謀畫，方才不致錯失，亦不可因將入泰境而心生驕滿，如此恐將卻福不致了，所以應該更加審慎虛懷，當可使福氣來得更多，享有更久。

此乃否極泰來、寒谷春回之籤示也。

六

欲問平生修習功　不狂不簡只從中
常言事事皆前定　勤則功成儉則豐

詞註

一、修習：修持不斷，反覆精練的意思。
二、狂：誇張逾矩的意思。
三、簡：保守慢忽的意思。
四、從中：從者，依循、追隨之意。中者，中庸之道，即指於狂簡兩端，適中而行之意。
五、常言：即「常言道……」之意，即指常常聽到人們提起的說法或道理。
六、前定：謂已有因果定數之意。
七、勤：指「不斷的、不屈不撓」的努力，念茲在茲的奮鬥。
八、功成：指達成預定的理想目標，使付出的心血、力量得有具體收成之意。

九、儉：係指對時間、資源、精力、心思意念及金錢的專注、節省，不浪費、不分心之意。

十、勤儉：除右述解義外，仍可以「力量集中、意志集中」來傳神的指出籤中要求的精神所在。

十一、豐：係指從無到有、積少成多、先瘠後腴、由貧致富之意。

語解

想要明白在我們一生中所應該修持精研與投注心力的功夫是什麼嗎？讓我告訴你，凡事應先自我評估，先反察自己的私德如何？有什麼本錢（包括身體健康情形、資金財力、專業技術、經驗學歷、個性反應……等）？然後以不自欺、不誇張、不膨脹、不逾矩，也不自卑、不消沉、不慢忽的中道精神，審慎地規劃自己進德修業的方向、目標、計畫與方法，來達成自己所追求的道德、事業目標。

常言道：「事事皆前定。」這就是告訴我們，每件事物（或事務）的際遇絕非偶然，而是有其前因後果的定數在這其中運行著，它是一切已然和未然的定律。所以我們應當認眞檢討，面對現實，在道德或事業上以「勤、儉」的精神與手段不斷的努力，反求諸己，遵理聽天，一切「只問耕耘，不問收穫」，如此則可「補因成果」，功成且豐了。

批斷

得此籤者，所問之事不但不會有急功速效，反而要自省自察，看看自己在各方面夠不夠努力，所以不必強求，只要追求的是合乎義理的事，加上勤、儉自持，不斷努力，自有功成豐收的時候到來。

此乃自求聽天、勤功儉豐之籤示也。

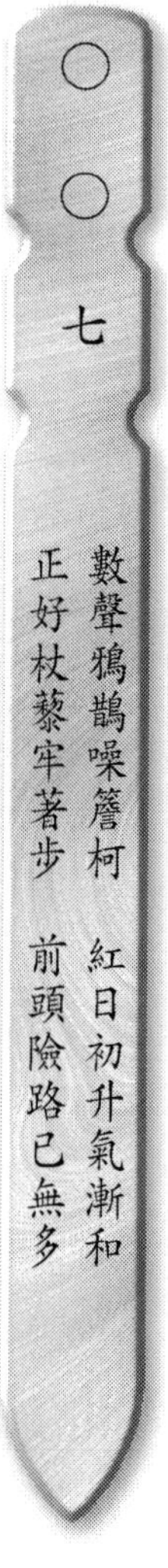
七
數聲鴉鵲噪簷柯　紅日初升氣漸和
正好杖藜牢著步　前頭險路已無多

詞註

一、鴉鵲：鴉在此不指烏鴉，而是指深色羽毛的鴻雁類飛禽；鵲則是指喜鵲。鴉鵲均指通常被認爲屬於象徵吉祥來福的鳥類。

二、噪：指蟲、鳥類的高聲之鳴。

三、簷柯：柯是草木之枝莖；簷柯是指在屋簷旁邊的枝頭上。

四、杖藜：「杖」在此當動詞，當形容詞用；當動詞則指「持杖」的動作；當形容詞則在描述人持杖助己扶行之情狀。「藜」爲一種莖高五、六尺，修直堅輕的年生草本植物。「杖藜」則爲扶持著藜杖的意思。

五、牢著步：「著」唸音如「卓」之口音。係指穩當、紮實的走著每一步的意思。

語解

看啊！象徵吉慶喜氣的雁鵲，高聲的在家門簷前的枝頭上接連著叫了好幾聲，配合著光芒耀眼的太陽正冉冉露臉升起，使原來逼人的寒夜之氣，漸漸的暖和起來了；奮起吧，腳踏實地，扶持著藜杖，穩步前行此正其時，因為眼前讓我們困步難行的險路已經不多了。

批斷

得此籤者，困厄將近尾聲，原來一切的無力感也將逐漸有可以著力的契機、因素來施為了。但要切記，當下還只是厄運將轉而已，並不是已經步入坦途了，所以要謹慎規劃、步步為營，通過腳前尚有殘存的崎嶇路程，才是平坦的康莊大道。

此乃旭日初升、時來運轉之籤示也。

八
歌舞歡娛是禍胎　塞翁失馬又回來
勸君動用休狂妄　緣木求魚無後灾

詞註

一、禍胎：孕育禍患的溫床之意。

二、塞翁失馬又回來：此爲《淮南子》所記之典故，大意爲：塞上老翁失去了一匹馬，友人皆來慰問，老翁說：雖然失去了一匹馬，怎知不是一件好事呢？過了數個月後，原來失去的馬忽然帶領著一大群胡人的駿馬回來，友人皆來恭賀，老翁又說：怎知這不是一件禍事呢？而後老翁之子因喜好騎馬而墮馬，摔裂胯骨成殘，行動困難，友人皆來慰問，老翁又說：怎知這不是一件好事呢？一年之後，胡人大舉入侵，朝廷徵召壯丁入伍當兵禦敵，結果精壯之士戰死十之八、九，只有老翁之子因跛殘未被徵召而得以父子相互扶持度日。這句話是告訴我們，不可以一時之得失而論斷禍福，眼光應放遠大。

三、動用：「動」爲起心動念之意，「用」爲舉措作爲。

四、休：不可。

五、狂妄：「狂」爲行事躁亂，「妄」爲不合常理之意。

六、緣木求魚：魚生活在水中，如果爬到樹上去抓魚，那是不可能的事，這是比喻搞錯方向、勞而無功之意。

七、灾：同「災」字，禍害之意。

語解

每天過著歌舞昇平、飲酒作樂的生活，看來好像是人們眼中所欣羨的「成功」、「好命」、「吉祥如意」、「富貴安康」，然而事實上卻有如《易經》所言「禍福相倚」的情形，正是孕育禍殃的契機；就好像《淮南子》所記「塞翁失馬」的典故一般，它告訴我們要把眼光放遠、胸襟放大，勿以一時論成敗、勿以一事論得失的道理，所以奉勸你稍安勿躁，切不可失去耐性，在主觀、錯誤的判斷下，做出了不當的舉措使處境更差。在此時此刻，尤應參透《易經》中「蓄、養、節、宣」的哲學精義，像「緣木求魚」一樣地用最實在、最不走捷徑的笨方法，沉潛養志、待機而舉，才能免卻因錯誤的舉動而招來的無窮後患。

批斷

得此籤者，所求之事眼下難收急功，不可用現在的處境來論自己的成敗得失，更不可有急功近利的短視舉措，唯有沉潛待時，且利用這一段隱忍的時間，做一切對自己最有利的檢討、規劃與準備，才能在時機來到之時，做適當有力的把握。否則，貪求眼前浮相的快樂與收穫，將會招致無窮的後患。

此乃動用乖違、沉潛待時之籤示也。

九
披開雲霧睹青天　況是中天月正圓
匹馬通衢無阻礙　佳聲美譽聽爭傳

詞註

一、披開：撥開。

二、雲霧：形容愁雲慘霧、晦氣等令人感到困頓不明的逆境。

三、睹：見、看見之意。

四、青天：浩瀚藍天，形容無限寬廣的前程，人生的順境。

五、況：何況。

六、中天月正圓：形容一輪飽滿正圓又皎潔的月亮在夜空中央之處。

七、匹馬通衢：形容在寬廣的大馬路上只有一匹馬通行其間之意。

八、佳聲美譽：美好的名聲、名譽。

九、聽：當「任憑」之意。

十、爭傳：爭相傳誦之意。

語解

現在運氣丕轉，是撥開雲霧見天日的時候了，何況當你撥開雲霧之時，所見到的正是一輪明月當空，這正啓示你將能夠心想事成，一展抱負，就有如一匹馬在四通八達又寬廣的街道上，如入無人之境的通行無阻一般，可以想見你將有美好的聲譽廣傳四方。

批斷

得此籤者，所求皆成，爲一掃陰霾、得貴人之助而亨通無阻，聲名遠播之象。此乃悔吝漸解、撥雲見月之籤示也。

一〇

爐鼎丹砂非已物　服之僥倖得安痊
此時未可誇全效　明日愁來又似前

詞註

一、爐鼎：指煉丹藥所用之丹爐或丹鼎。

二、丹砂：丹砂原指硃砂而言，在此可作丹丸及砂、散等藥品之廣解。

三、非已物：「已」者成也，事畢也；「非已物」是形容「不是已經完全煉成的藥物」。

四、服之：服用。

語解

爐鼎中的丹藥並非已經完全煉成的有效方劑，如果取之服用來治病，或許可以僥倖的得到痊癒的假象，看來似乎是已然助你度過難關了，但在這種情形下，實在還不到讓你可以高興得誇口已全然治癒的程度，因爲在不久的將來，同樣令你煩愁的問題仍將再現，並繼續困擾著你。

批斷

得此籤者，若係問病，則所用之藥並非治本治根的有效正藥，應檢討另求名醫診治方爲上策，否則來日病情再發恐怕問題更大、更麻煩；若係問事，那麼眼前你看來可用以解決問題的方法似乎能救一時之急，然卻無法眞正改變潛藏問題的本質，即便現在用以解困，但日後麻煩更多，應審愼評估，穩紮穩打，實事求是，步步爲營，切不可急於一時，凡事務要透徹的評估可能產生的後果，做好利弊得失的分析比較後方可進行。

此乃秀而不實、僥倖反覆之籤示也。

○一一

六一群中推最靈　忽然頭角聳崢嶸
萬人頭上標名字　南北東西道路亨

詞註

一、六一群中：《易經》中稱陽爲「九」，稱陰爲「六」，陽極變陰，陰極則變陽。「一」是形容「初時」、「相同的」二種合義。「六一群中」則是形容在初時都是看似相同而龍蛇莫辨的群體中。

二、推：在此係形容「經評比計算」之意。

三、靈：是指最具潛力、最沉潛者。此處以「龍」暗喻之。

四、頭角：謂頭上長出之角，如龍首長出龍角一般。

五、聳崢嶸：「聳」者高突之意；「崢嶸」是形容山勢高聳峻峭，氣勢不凡之意。

六、標名字：「標」謂書寫、題記之意。「標名字」謂名氣遠播，眾人誦傳，莫有或忘、印象深刻之意。

語解

懷抱才志在泛泛輩中沉潛而不顯的你，畢竟是相當有靈性的潛龍，在沉潛日久之後，現在的你將風雲際會，眾人將意外的發現你頭角崢嶸，器宇不凡，當此之際，你當把握良好的機運，發揮長才，趁勢而起；你的成就也會令萬人欽羨傳誦，印象深刻，更因而使你人生的道路更加寬廣四通八達。

批斷

得此籤者，有如《易經》所記乾卦初九「潛龍勿用」，在時空因素變化中而至於九二爻「見龍在田」，若能務實以赴、實事求是，如九三爻「終日乾乾」，則將如九四爻「或躍在淵」，甚至如九五爻之「飛龍在天」，故應把握順運之際，發揮長才，趁勢而舉，當可名傳萬口，無往不利。

此乃風雲際會、潛龍升騰之籤示也。

〇一二

惡食粗衣且任嗔　逢橋下馬莫辭頻
流行坎坷當然事　何必區區諂鬼神

詞註

一、惡衣粗食且任嗔：謂因當下之不得志、不如意，沒有社會地位而暫且任人鄙叱之意。

二、逢橋下馬莫辭頻：馬性臨崖則喜沿險邊而行，逢橋遇水見影輒驚，常令騎者失控，故騎者遇上述之境，尤應謹慎駕馭之。全句意謂莫因常常下馬過橋再騎而嫌煩。

三、流行坎坷：係指水流順著地表自然形勢的高低起伏而行。

四、當然事：謂極自然之事。

五、區區：區區二字均唸「歐」音；「區區」謂愛或討好之意。

六、諂：逢迎以求結交之意。

語解

目前處在失意不得志的情形中，凡事皆應動心忍性、謹愼謙抑，即使是因寒酸而受人鄙叱也要忍耐，謹愼如經常下馬過橋也不可嫌煩，唯有如此才能避禍遠害，養志招祥，這是一種順其自然、無爲而爲的天人修境，就好像水在地面上順勢而流一般，它時而遇高絕險阻之地，時而遇坑谷窪陷之處，在高低起伏的地勢中趨避而行，這是極其自然之事；人生的際遇亦莫不如是，故應師法流水順其自然，諸事不予強求，若有此認知與修爲，又何必不斷的以美言甘辭去諂媚討好看不見的鬼神呢？

批斷

得此籤者，凡事務必動心忍性，謹愼謙抑，師法流水，順其自然，不可缺乏耐性，妄動招禍，亦不可爭忮強求，以免無謂之言動搖心志而做乖妄之舉。

此乃見機而作、忍性脫否之籤示也。

一三

借便因人非善謀　曳裾端可見王侯
功名唾手誠非妄　事在人間桂子秋

詞註

一、借便因人：藉著他人之便，靠著他人之力。

二、非善謀：不是好主意，不是好策劃，不是「好點子」。

三、曳裾端可見王侯：全句中「曳裾……王侯」實即「曳裾王門」之典，爲寄食於王侯、權貴之門，充任其幕僚（賓）或食客之意。「端」者，始、才之意。「可見」，有可以見到及可以在某人面前表現，以凸顯己能之意。全句有「唯有寄食權貴，才能俟機表現，才能以求晉身」之意。

四、唾手：爲輕易到手的形容詞。

五、誠非妄：爲「實在不是不可能」、「實在不假」、「實在不虛」之意。

六、桂子秋：意指桂木結子的秋天季節中。

語解

如果想要假借他人之手，順便推薦自己，這絕對不是個好辦法。其實憑著你的本事，先去寄食於王侯權貴之門（或先行在時下的大財團、大企業、大公司中任職），當有俟機表現以凸顯己能的機會，屆時功名富貴輕易到手亦非不可能。所以現在先請稍安勿躁，美好的果實將在桂木結子的秋季到來。

批斷

得此籤者，凡事須周密嚴謹，自力求職，不假他人之手，先擇適才適性之門戶徐求表現晉身，當有成就隆顯之日，且收穫良辰，應在秋後；若志大才疏者，雖得本籤，一經物評，虛妄立現，徒然自取其辱。

此乃通權達變、待時而吉之籤示也。

一四
青黃赤白亂橫陳　須信于中有至真
宜向離方尋影跡　只愁公訟與焚身

詞註

一、青黃赤白亂橫陳：「青黃赤白」係以各色代表各種事務的特殊不同屬性。全句意即：各種事務（道理、說法、理由、現象……等）錯綜複雜，難以條理。

二、須信于中有至眞：必須相信在這其中有眞相（理）之意。

三、宜向離方尋影跡：「離方」，在《易經》八卦中，坎卦代表北方……離卦則代表南方或光明的手段、方法。「影跡」：因有實物、實（眞）相才有影有跡，反之欲尋實物、實（眞）相亦可尋跡而得也，故可泛指爲蹤影、痕跡、契機、關鍵證明或證據等代名詞。

四、只愁：爲只擔心因……而惹禍之意。

五、公訟：打官司，相互控訴之意。

六、焚身：本詞出自《左傳》，後世之人概以「因貪冒貨賄而得禍」之情事泛喻之，此即用不法手段獲得不法利益，以致引來如烈火焚身般的禍事臨身之意。

語解

值此諸事混亂、錯綜複雜，近乎無法可管、無人能理的時候，千萬要相信「對的錯不了，錯的對不了」，儘管世道混亂、諸法不彰，然其中仍有最後憑以定奪曲直的眞理存在著，所以勸你應以光明磊落的方法去尋求正果爲宜（或向南方去找證據、眞相……等）。反之，如果想藉機趁亂渾水摸魚或假公濟私、或公器私用、或公法私刑、或曲訟亂直、或貪冒非分之財、或行賄勾通圖利……，恐怕都會爲你招來有如烈火焚身般的災禍。

批斷

得此籤者，須知天道好還，報應不爽，在亂局（世）中儘管眾說紛紜，仍不可意圖趁機不法圖利或人云亦云的顛倒是非、混淆曲直，否則將有禍事焚身。故應循正道而行，自有正果。此乃事多錯亂、戒妄避凶之籤示也。

一五

元妙須從坎位求　只愁沉溺與漂流
若逢黑色宜收贖　莫向凡夫為鬼謀

詞註

一、元妙：至妙、至好之意，有如「最佳方案」、「最高境界」的代名詞。

二、坎位：《易經》八卦中，坎卦代表北方，亦象徵險、陷之處，然而此句所言不作此解，而是採險、陷之危，引喻「人心惟危，道心惟微」之意，示知人應知險、知懼而誠意正心修持不輟，不容有須臾輕忽自弛。

三、只愁：只擔心因……而惹禍。

四、沉溺：沉迷於某項慾望而不克自拔之意。

五、漂流：係指見異思遷、隨波逐流，追求物慾，喪失眞我。

六、黑色：形容人之晦氣、倒楣者。

七、收贖：此爲古制刑律名詞，古人對老幼廢疾、篤疾依律當處以流配之刑者，准以錢銀贖罪免刑之；此處泛指今人所謂「得饒人處且饒人」之意。

八、凡夫：泛指短視近利、無知無德之小人。

九、鬼謀：陰謀設計之意。

語解

身處充滿誘惑、物慾橫流、人心詭譎、世道離亂的紅塵中，須知爲人處世最高境界與最佳方案，應該是從《書經》所云：「人心惟危，道心惟微」的危微之處入手，時刻抱持著臨深履薄，知險知懼的戒慎心理修持不輟，不容片刻輕忽，亦不可沉迷物慾或隨波逐流，見異思遷而心志輕浮；此外，在人我之間、待人接物，亦應上體天心（好生之德），凡事得饒人處且饒人，感同身受的周全他人，切不可與無知無德、短視近利的小人一般，存心設計陰謀，意圖損人以利己，如此當能遠禍而趨福，長保平安百年身，反之則自招焚身咎尤，世之至愚莫此爲甚也。

批斷

得此籤者，應立定志向，循正道而行，時刻正心誠意，戒行邪妄之事，凡事心存厚道，仁人愛物，眼下雖似吃虧，然應義無反顧，持守到底，切忌三心二意、唯利是圖，如此當能渡亂濟險。

此乃安分免咎之籤示也。

一六
只因致恨與相嫌　愁病無端日日添
為問蜜蜂勤醞釀　不知辛苦與誰甜

詞註

一、致恨：彼此以恨相交，即今之所謂「恨來恨去」之意。

二、相嫌：謂相互嫌惡、相互不滿之意。

三、愁病：形容心中憂慮所引發、衍生的各種身心負擔或後遺症等。

四、無端：無來由的、無緣故的、無端端的意思。

五、醞釀：原意爲使穀物以適當的發酵方式逐漸變爲酒的意思，在此則指蜜蜂採蜜釀漿的意思。

六、與誰甜：係指「爲誰甜」之意。

語解

只因不能敞開心胸以愛待人或包容他人之過失，反而常從壞處思考，往壞處想，甚至誤解他人原爲善意的動機，以致用懷著敵視的眼光與態度，挑剔嫌惡之。由於自己經常以這種褊狹的胸襟看別人，導致自己總認爲別人也是用同樣的眼光與態度看自己，因此在這種「將心比心」的情況下，就衍生出自己一方面不能爲人往好處想、不能容人，一方面又要同時防範別人算計自己而思有以反制，在這種瞋恨不容、自我褊狹的心態與價值觀中，其實是自己與自己的心魔在鬥爭，必然形成對自己身心莫大的傷害，有形無形的「病」在日積月累的情況下，亦隨之日深一日了，到頭來卻著著實實苦了自己，害了自己；其實退一步想，凡事若能「不有所爲而爲」或「不一定要完全符合自己的思考模式」而能愛人、容人、利他的話，那豈不是海闊天空，心胸舒暢了嗎？君不見終日勤勞忙著採蜜釀漿的蜜蜂，它又是爲誰辛苦爲誰甜呢？它是爲自己嗎？我們是萬物之靈的人，只要讓我們心中的愛彰顯出來，我們一定會比蜜蜂，甚至眾生都還快樂的。

批斷

得此籤者，有爲他人作嫁衣，辛苦而爲他人獲利之象，然此爲定數，既知如此，那麼在不可避免之餘，若能一改「得失之心」為「利他利人」之心，將使整件事情的價值為之改觀，亦可使自己達觀，不再嗔恨得失，更可藉此而厚植福田，禎祥致遠（因為價值隨心而改，功過隨心而生，宅心仁厚利他，雖苦亦樂，禍而轉福，失將復得；而若居心僥薄私己，則雖樂亦苦，福而轉禍，得而復失，似有還無），切記，小人計利，君子計義（正當而該做的事）。

此乃徒勞省心、居義致福之籤示也。

一七

肘後靈丹活盡人　豈知弄劍要傷身
更遭羅網纏綿後　卻向山中與鬼鄰

詞註

一、肘後靈丹：「靈丹」謂妙藥、好藥之意。「肘後」即通稱醫書中之「肘後方」之謂。按：所謂之「肘後方」有四種備載典籍，其一爲《隋書·經籍志》所記三卷，由扁鵲所著。其二爲晉代葛洪所著之《肘後備急方》。其三爲《唐書·經籍志》所記，劉眞人《睨肘後方》三卷。其四爲《雲笈七籤》所記《太上肘後玉經方》八篇。而今統視之爲治病的妙藥仙丹或排難解紛的奇計良謀。

二、活盡人：能救活所有人之意。

三、弄劍要傷身：意謂不論再好的東西（即使如劍有雙刃一般的犀利），只要用過頭了（或用之於不義之途，或用之不得法），都會反而傷害了自己。

四、羅網：「羅」爲捕鳥之網；「網」爲捕魚之具；全句形容爲人所設計構陷之意。

五、纏綿：此處係形容難以脫身之意。

六、卻：反而。

七、山中：形容杳無人煙之地；此處係指不循正常、常軌而行之意。

八、與鬼鄰：字義為「與鬼為鄰」，實則含有二種意境，一則為「因厭世而離群索居」，一則為「求計於旁門左道」。

語解

即便擁有如妙藥仙丹一般，能夠解決一切問題的手段，但若不用之於正途，將會在自以為得計而大意之時傷人傷己，甚至意外的發現，原來自己早已深深的陷入為他人所構陷設計而難以自拔的羅網中，進而冥頑不靈的捨正道解決之法，反而愈陷愈深的求助於旁門左道，企圖翻身，殊不知如此這般的惡性循環，愈演愈烈之後，只會更快速的將自己推入絕境。

批斷

得此籤者，凡事切莫自作聰明、自以爲是、剛愎自用、鑽牛角尖，反而應該謙卑自持，多方請益正道才是，否則將傷人傷己，得不償失，甚至一敗塗地；若現在之處境已然不妙，則尤應在合情、合理、合法的正道上求解，切不可爲急於翻（脫）身而不擇手段，甚至求助於旁門左道之力，如此將愈陷愈深，回天乏術了。

此乃張羅反覆、巧陷拙安之籤示也。

○一一八

青黃黼黻木之菑　一入迷途喚不回
莫向花前深注意　家肥端自儉中來

詞註

一、青黃：《後漢書・禮樂志》謂青黃為「四時之樂」。

二、黼黻：為古時繡繪在衣裳之上的紋彩、圖飾。

三、青黃黼黻：全句可以今語「各種銷魂蝕骨、宴飲作樂的酒色享受」解之。

四、木之菑：為「木之植於……中」之意。

五、注意：有「用心關注」及「投入感情」二種意思；「注」有「針對……而」及「澆灌、投入」之意。

六、家肥：意指能夠興家旺業的寶貝。

語解

人若沉迷、留戀於征歌逐色的歡樂場中，就很難再呼喚他回頭了，因為「由儉入奢易，由奢入儉難」啊！這就好像是植幼木於花團錦簇、花木扶疏的環境中，它受到左右扭曲、攀附、夾雜的影響，不能像松柏一般在風雨中挺立成長而成材，所以不要受到外在對比的誘惑影響，不要只看到別人成功的果實誘人垂涎，更不要不問因只看果，或不可迷戀聲色，這些都不會幫助你成功、成材的；須知能夠讓你興家旺業的寶貝，只有「節儉」一途，而這項「節儉」，它包括了經濟上的開源節流以及行志上的心無旁騖，切記！切記！

批斷

得此籤者，應戒奢守儉，安分守正，內斂自省，自求多福；所求之事，皆應捨遠求近，捨外而內，捨新從舊，捨功守靜，否則將禍及身家，自貽伊戚。

此乃順死逆生、知戒返福之籤示也。

一九
雖罹縲絏罪非真　舉眼無非白眼人
天理昭昭終福善　到頭金屋與安身

詞註

一、罹：遭難之意。

二、縲絏：讀音爲「雷謝」；「縲絏」爲拘縛犯人的繩索，今人亦用以爲「令人失去自由的監獄」的代名詞。

三、舉眼：此處爲「放眼看去」之意。

四、白眼人：「白眼」爲怒目而視，睛藏多白之意，亦即嫌惡的樣子。「白眼人」是指嫌棄我們的人。

五、天理：原爲「天然之性」，此爲「神明統治天下的律法」之意。

六、昭昭：爲光明之意。

七、天理昭昭：形容上天的律法正大光明，不容邪妄。

八、終福善：「終」為「總是會……」及「最終還是」。「福」：在此當動詞用，即賜福或保佑之意。全句即：到頭來總是會賜福保佑善人的意思。
九、到頭：即至終、最後之意。
十、金屋：喻華美堅固之宅。本籤用「金屋」與「縲絏」作對比也。
十一、與：在此為「給予」之意。
十二、安身：即居住、容身之意。

語解

雖然你現在蒙受不白之冤甚至身陷囹圄，而且周圍的人都嫌惡你，但是老天有眼，明察秋毫，神明總會賜福保佑善人的，就有如賜予你金屋，讓你安穩的過生活一般。

批斷

得此籤者，所問之事，當下雖有被誤解、受疑難、有冤屈、有阻退等諸險困厄之情事，然不可失亂方寸，導致衍生他過而受罪，尤應謹言慎行，以和婉、理性的態度舉證原委，則終將獲助平反，坦然安身。

此乃先凶後吉、轉禍而安之籤示也。

二〇

因凶得吉又奇哉　宿病漸消好事諧
陡覺聲名馳四海　如今信有命安排

詞註

一、因凶得吉：即俗謂之因禍得福。
二、奇哉：形容非常奇妙之意。
三、宿病：係指久病、老毛病、向來難解之問題等。
四、漸消：漸漸如冰之融化。
五、諧：調和、和諧及偕同之意。
六、陡覺：形容突然感覺（受）到。
七、馳：此謂遠傳之意。
八、命：此謂天命、命運、定數之意。

語解

妙哉啊，你眞是因禍得福，而且連同歷來的老毛病、老問題都漸漸的消解，甚至還有令你愉悅順心的事相偕而來；你在突然之間由谷底翻升，眾口交誦，此時你必然相信這一切畢竟還眞是有天命安排的啊！

批斷

得此籤者，凡所問之事，其事態發展多有「柳暗花明又一村，疑似無路卻有路」的轉折之象，不但如此，還有遇險得利，受阻反升的妙遇，堪稱厚積陰德所致，若能不得意忘形，內斂自持，將會有連番好事相偕而至，並將聲名遠傳。

此乃厚德消禍、中道致福之籤示也。

○二一

探賾窮幽自顯然　豈知智術合神仙
到頭不利吾家事　留得聲名萬古傳

詞註

一、探賾：「賾」音「責」。「探」指闚探求取；「賾」爲幽深難見；全句係指探索不易爲人所發現（明白）的高深道理。

二、窮幽：「窮」爲推究……到盡頭之意。「幽」爲隱、微、深、闇之意。全句係指推究高深的道理到最精微的盡頭。

三、自顯然：「自」爲「由、從」之意；「顯然」謂簡單、明白、明顯之處；全句係指應自簡單、明白之處著手之意。另亦有自以爲是、自得其樂之意。

四、智術：「智」爲內在的才智、智慧、學養；「術」爲外在的功夫、技術、方法。全句是形容內外兼修之意。

五、合神仙：是形容如同神仙一般高明。

六、到頭：至終之意。

七、吾家事：係指與自身、自家最有直接相關的事情。

語解

投注心力由簡入難，由淺入深、按部就班的努力探求不為一般人所容易明白的高深道理，並且推究精研，自得其樂，在不知不覺中，內外修為已達到如同神仙那麼高明的境界，然而這一切功夫對自家、自身而言，畢竟是不切實際，它至多只能為你博得個傳世虛名罷了。

批斷

得此籤者，凡所求問之事，多有虛幻不切實際的情形，亦有理想與實務脫節或臨事生變的情事發生，應多加留意，謹慎務實些；除非是立志求道或鑽研學問，時刻以蒼生為念，不求私利，但求研發，厚生利民之大仁大智者，當然會自得其樂且留名千古，否則又想圖得他人口上之虛譽，又想求得個人生活中實際的利益是不可能的。此為務實求吉之籤示也。

○二二

大廈帡幪千萬間　靜看風雨激狂瀾
那堪九里滋河潤　兒女團圓盡意歡

詞註

一、帡幪：形容房屋或帳蓬，凡覆護於側者皆可以「帡」稱之，凡覆護於上者皆可以「幪」稱之，即今所謂之牆壁與屋頂，此處之「帡幪」即覆庇之意。

二、激：形容激盪之意。

三、狂瀾：形容洶湧的狂風巨浪，在此處是指衰危的時局之意。

四、那堪：謂那裏經得起……之意。

五、滋河：河名，原名爲《水經．江水注》所記之資承水，源出於山西五台縣東之烏牛山，東流入直隸，至祁縣南會沙河入豬籠河，爲大清河南支之上流。另《水經．江水注》又記爲灞水之原名，因爲秦穆公爲紀念顯赫之霸功，故將原名滋水之河改名爲灞水。總之，在此均做河名解之，由於水在陝、晉高原之地，頗能有利民生，故本籤藉用形容之。

六、潤：滋潤而富利民生之形容。

七、兒女團圓盡意歡：形容安居樂業，民生樂利之景象。

語解

用有如千萬間堅固的廣宅或帳幕般之德政覆庇著蒼生，不但使蒼生能在動盪不安、衰危狂亂的時局中平靜安寧的度過，而且還安居樂業、民生樂利，這般景象就好像是受到九里滋河的灌溉一般，又哪是洶湧的狂風巨浪造成的流離失所、家破人亡所能比擬的呢？

批斷

得此籤者，應善體上天有好生之德，故不論為官與否，只要有能力（或許是權力、財力、智力，甚至是舉手之便以助人的任何機會）助人，都不應輕忽，因為你的適時助人在對方的感受而言，簡直就像是受到九里滋河的灌溉一般，何況看到他人能渡危安康豈非大功大德？切記，不但要行善而且不可厭倦。此外亦有自己可以在既有的基業中安度危局而且安康樂利之涵意。

此爲秉善念施爲而有成，利人又利己之宏吉籤示也。

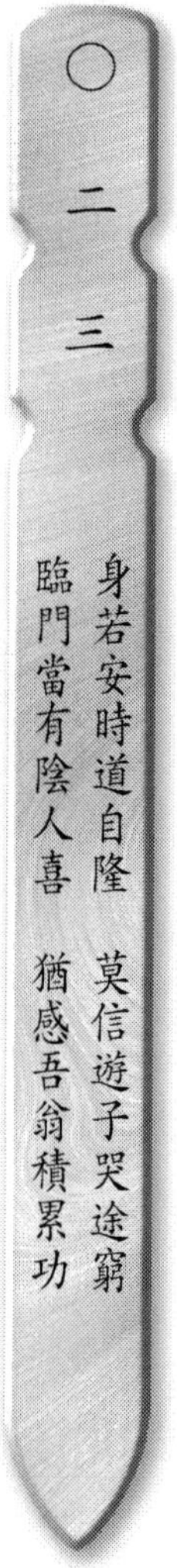
二三
身若安時道自隆　莫信遊子哭途窮
臨門當有陰人喜　猶感吾翁積累功

詞註

一、身：指身心、行為、舉措之意。
二、安：是形容不動、不受外力影響之意。
三、道：前途、事態的發展。
四、隆：豐盛、昌大之意。
五、信：在此作「從」或「如同」之意。
六、遊子：在此形容到處穿梭、鑽營之人。
七、哭：指哭訴。
八、途窮：形容沒有辦法、無路可走。
九、臨門：即「……來到家門前」之意。

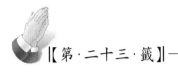

十、陰人喜：即暗中貴人樂於相助。
十一、猶：與「由」通，係指「由於」之意。
十二、積累功：形容積了深厚的功德之意。

語解

只要修持定、靜、安、慮、得，使身心安適，不受任何衝擊或外力之影響，也不要像其他到處穿梭、鑽營之人一般地四處哭訴困難，如此你所面臨的情況或將轉危爲安，或將豐盛昌隆；因爲你平日已然累積了深厚的功德，以至於會有許多暗中的貴人及時地光臨你的家門來幫助你。

批斷

得此籤者，針對所求之事，莫驚慌而四處倉皇求助，自有貴人在知情或不知情的情況下幫助你，當能解厄而隆。
此乃正心持身、待時得吉之籤示也。

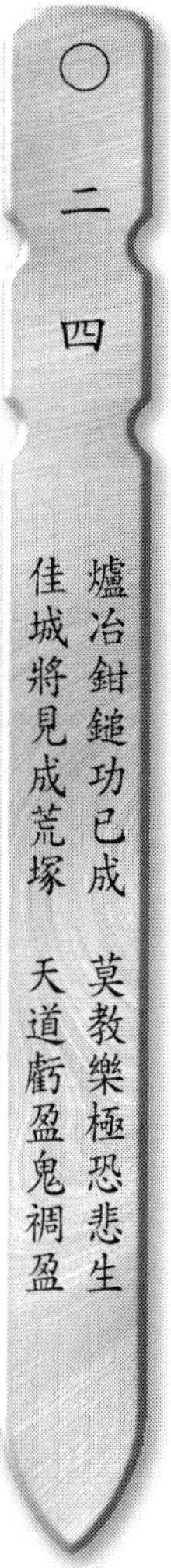
○
二
四
爐冶鉗鎚功已成　莫教樂極恐悲生
佳城將見成荒塚　天道虧盈鬼禍盈

詞註

一、爐冶：謂以爐鎔煉金屬之意。

二、鉗鎚：刑具之名。

三、樂極生悲：係泛指因爲所欲爲而生悲，並非專指因豫樂而生悲。

四、佳城：爲墓地之通稱；此謂營造甚美之墳墓。

五、成荒塚：變成荒湮破敗不成墓形的墳堆。

六、天道：即天理，此指「上天用以治理萬事萬物的律法」。

七、虧盈：即消長之意。「虧」指缺損、不足，「盈」指飽滿，不乏。《易經》指出天道「盈則虧之，虧則盈之」，相生相推。

八、鬼禍盈：意謂「完全都是鬼的咒詛」。

語解

凡事不要做絕了，不但樂極會生悲，惡極更會生悲啊！因爲上天已將懲治罪人的刑具備妥，再加上所有曾經受害者的咒詛與控訴，上天怎能不以公義來平準善惡盈虧的報應和懲治呢？即使已然身死亦將追討其罪，甚至連營建甚美的墓園，都將使之成爲荒湮破敗而不成墓形的墳堆，這代表著香火中斷，無人掃墓的可怕情景啊。

批斷

得此籤者，凡事當知收斂，修德謙守、自省自反、韜光隱晦，切莫再有張狂之舉，否則勢必樂極生悲且禍延久遠。

此乃極盡生變、強爲致禍之籤示也。

二五
太阿在手凜然寒　碧眼胡兒仰面看
從此進身高處立　一呼百諾指揮間

詞註

一、太阿：春秋時代之寶劍名。在此可形容爲獲得授權之意。

二、凜然寒：即凜寒。「凜」爲「寒」之意，在此係形容劍光淒寒逼人之意。

三、仰面看：形容敬畏之意。

四、進身：形容地位提升之意。

五、高處：形容指揮者崇高的地位；亦實指金殿上、將台上或指揮者所立指揮作戰的山頭（高地）上。

六、一呼百諾：喻顯貴者之盛勢也。

七、指揮間：「指」係手指，「揮」爲振動；「指揮間」是指「在手指揮動的振幅中」，而用手指揮動是輕而易舉的事；故全句之意爲「在發布命令，調遣一切之中」。

語解

手持寶劍，寒光逼人，甚至連胡人都敬畏而不敢隨便，原來是地位已獲提升，獲得長官信任並充份授權，使之可以輕易的發號施令，調派一切，而沒有不聽使喚的人。

批斷

得此籤者，將有升遷或被指派任務而獲授權之情事，故應注意凡事自重而後人重之，自重而後雖夷狄蠻貊之邦依然暢行無阻，受人尊敬，如此方能指揮自如，如臂之使指一般。

此乃晉升掌權、榮寵大吉之籤示也。

二六
克勤克儉有嘉謀　為利須兼十倍收
急把紫鞭鞭紫馬　看君絲帛積山邱

詞註

一、有嘉謀：形容有好方案、好計畫、好主張。

二、爲利：求利潤。

三、須兼十倍收：意指要把眼光放遠，格局放大，以規劃賺得十倍以上的利潤爲經營目標。

四、急把紫鞭鞭紫馬：原意爲快用好的馬鞭來鞭策千里馬；其實另有「趕快匯集各項必要的資源、裝備與人力，依照規劃的宏圖落實執行」之涵意。

五、絲帛：絲織品與絹帛類之物，均形容財富。

語解

用遠大的眼光、格局，規劃成本低而利潤高的好方案後，就不要猶豫的趕快匯集各項必要的資金、資源、裝備與人力……等要件，迅速而落實的推動、執行該方案，那麼將可看到你獲利，甚至堆積如山。

批斷

得此籤者，所謀皆成，可在條件齊全的情況下放手爲之，唯應先行評估成本效益與邊際效益，乃能豐收。

此乃善謀成豐、無咎有吉之籤示也。

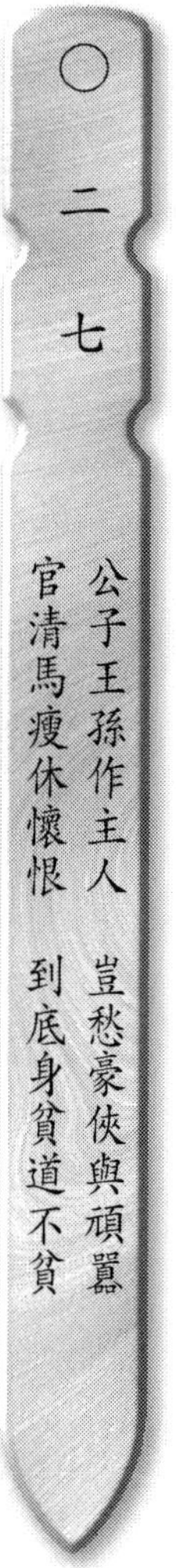
二七
公子王孫作主人　豈愁豪俠與頑嚚
官清馬瘦休懷恨　到底身貧道不貧

詞註

一、公子王孫：原指皇親國戚等之權貴者，在此則指國家之當權執法者。

二、豈愁：何必擔憂。

三、豪俠：謂豪強任俠或以武犯禁之士。

四、頑嚚：「頑」是無知識而妄為。「嚚」音讀為「銀」，是口不道忠信之言者，在此是指不學無術，無知、貪婪卻又妄言者。

五、官清馬瘦：是形容為官清廉，不置資產之意。

六、休懷恨：不要懷有妬恨之心。

七、到底：終究。

八、道不貧：形容價值標準高尚，精神財富不少之意。

語解

俗語說得好：「身在公門好修行」，不論在公、民營機關服務，只要一切合法，用國家的法律或上級主管做靠山，又何必擔心那些不守規矩的人會對你有什麼不利的呢？「人比人，氣死人」，既然你正直清廉，又何必因他人的財富而有所妬意呢？何況他們的財富獲得方式也不見得光明磊落，何曾見過不義之財可以享延久遠的呢？所以只要你一本原來的德行，直道而行，雖然你不見得富有，但你的精神財富卻是豐富的。

批斷

得此籤者，凡事應奉公守法，清慎自持，忠於職務、忠於自己，莫受他人影響而改變原有的價值標準，如此則可安食穩睡，出入無咎，沒有任何心理負擔，否則將會得少失多，得不償失。

此乃安常守分、寧耐而吉之籤示也。

○ 二八

養瘠成疽切自防　莫教蔓衍恐難當
幾多白眼人相顧　暗地穿窬作計長

詞註

一、養瘠成疽：實即養癰成疽。癰疽係由血行不良，毒質淤積而生，初起時患處赤腫作痛後化膿，其旁皮色帶青赤，或生細小之膿疹，穿裂如篩，以洩膿液，種類頗多，大而淺者爲癰，深者爲疽；另有謂赤腫者爲癰，不赤腫者爲疽。全句係指有病而不及早善加治療，致使小病變爲大病之意。

二、切自防：務必要自己做好預防（準備）。

三、白眼人相顧：「白眼人」如第十九籤詞註四之解，然此處另作爲覬覦者（打壞主意者）之意。「相顧」：在此指環伺、盯著看等意思。

四、穿窬：賊人把牆壁挖穿一個洞後踰入圍牆作案之意。

五、作計長：形容早已作好周密的計畫了。

語解

許多事務在處理上不可忽略小問題，須知凡事在安全穩當的角度上來考量，都應注意「防微杜漸」，否則就會如「小病不治、終成大病」一般的難以收拾，吾人應深自防範，不使問題擴大衍生以致令你難以承受。因爲當你不在意之時，不知道有多少打你主意的「覬覦者」正抱著非分之想環伺著你，等待著對你下手的時機，而且他們早就已經做好了周密的計畫，你能不小心防範嗎？

批斷

得此籤者，凡事應審慎保守，寧可多幾分細心，亦不可有一分粗心，一切中規中矩，才可避免予人可乘之機，一旦發現問題，務必立即檢討改進，不使問題惡化，如此即便有人覬覦環伺，亦不能危害，否則恐有變生肘腋、猝不及防之禍。

此乃防微杜漸、防虞免禍之籤示也。

詞註

一、作善：爲善、行善之意。

二、應須：爲「既應該也必須」之意。

三、降：係指由上天賜予之意。

四、百祥：係指許多項祝福之意。

五、門庭：在此並非門戶庭院之意，乃指家族成員之意。

六、具盛：都很興盛，都有成就之意。

七、事非常：係指「這不是一般能常見到的普通情事」。

八、濟人初愿：係指「當初所持救世助人的抱負與願望」。

九、無負：係指「未曾有所辜負」或「未曾變心」之意。

十、看取：準備收受之意。

十一、堂前：猶指宅前之意。

十二、桂子香：實即「桂子飄香」之意，形容美好的收成與回報。

語解

積善之家自然會獲得上天諸般的祝福，以至於你的家族人人都很有成就，這不是一件容易的事啊；原來這一切都是因爲你濟世助人的宏願初衷，長久以來迄未有所變心，而且持續不懈的貫徹努力所致，所以除了上述的美好祝福之外，在稍後的秋季桂子飄香時節中，你將還會有更好的收成與回報。

批斷

得此籤者，凡事都將有喜無凶，只要動機良善皆可放手而爲，且在秋後，當成美好的收成，這是上天對你一貫的、無悔的服務人、幫助人所賜與的美好酬賞，今後尤應無負初愿爲是。

此乃行善致祥、進取有成之籤示也。

三
斂黛佳人仰看天　堂前鶴去月空圓
天淵浩浩津涯遠　迅浪癡風恐覆船

詞註

一、斂黛：「斂」爲「聚」，「黛」係以黑青色代表「眉」。「斂黛」形容憂容鎖眉。

二、鶴去：有「黃鶴一去不復返」之意。

三、月空圓：我國自古即以月圓來形容人團聚或理想實現、夢想成眞之意，此句係指：徒然月圓，人卻不能團圓（或希望卻落空）之意。

四、天淵：「天」爲高天，「淵」爲深淵，「天淵」是形容相隔之遠有如天淵之遙。

五、浩浩：形容水勢盛大。

六、津涯：即邊岸之意。

七、迅浪：急（疾）浪。

八、癡風：福建省沿海各州縣稱七、八月間所吹之東北風為癡風（原應吹東南風，卻吹東北風，攪亂了海運），故此處即指為不符時序所起之狂風、亂風。

語解

憂容鎖眉、鬱鬱不樂的美女，無言的仰望天際，宅前黃鶴去而不返，徒有圓月當空，卻不能眞的也讓想望的人兒團圓；唉，心中思念的卻是兩地懸隔有如天淵之遙，即使辛苦覓得舟楫，跋涉找到渡船口岸，想要乘船渡過那分隔兩地的浩瀚水域，但是面對著洶湧的狂風巨浪，又必須要有可能會翻船沉溺的考量啊。

批斷

得此籤者，所問之事多有變化起落，希望落空之象，凡事宜謹愼退守，不可躁舉輕進，以免自貽伊戚。

此乃事多搖漾、涉險艱難之籤示也。

三一
寒窗儒士遇昌時
天日清明奴隸知
朝野和諧魚鳥樂
遐方戎狄盡雍熙

詞註

一、寒窗儒士遇昌時：貧困而又苦讀的讀書人能夠有昌旺之時。

二、天日清明奴隸知：「天日清明」是形容在上位握有行政權力者的仁政。「奴隸知」爲職司賤役者能直接感受到之意。

三、朝野和諧魚鳥樂：形容政治安定、朝野團結，甚至連魚、鳥等其他生靈亦有感而同樂。

四、遐方：遠方。

五、戎狄：指常常入寇中原的外族人。

六、雍熙：「雍」、「熙」二字均作「和」解，故爲和睦之意。

語解

啊！這眞是一個政治清明、天下安定、民生樂利、普天同慶的好時代！看！貧困寒微的苦讀者有出頭之日，施政仁厚的程度，使從事卑賤工作的奴隸亦能感知，而且朝野同心、安定團結，連其他如魚、鳥等生靈亦能有感而同樂，甚至大化所及，亦能使遠方比較不知禮教的戎狄和睦相處不再互相攻伐，此情此景眞是何等美好啊！

批斷

得此籤者，先前之遲滯不得志與一切的陰霾都將過去，而且使周邊的人事物同霑共樂；若爲施政者得此籤則可知德政惠民，遠近咸感，尤應持恆著力，厚植福田。

此乃厄去福來、稱心如意之籤示也。

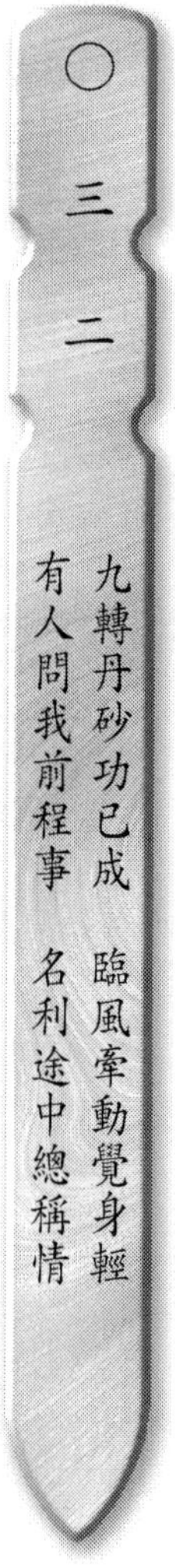
三二
九轉丹砂功已成　臨風牽動覺身輕
有人問我前程事　名利途中總稱情

詞註

一、九轉丹砂：道家燒金丹以九轉爲貴，「轉」者循環變化之謂也，如丹砂燒之使成水銀，再煉而變還爲丹砂，爲一「轉」，轉數愈多，藥力愈足，故九轉丹砂爲丹中極品之意。

二、臨風牽動：形容受到風吹而拂動。

三、總稱情：「總」俗解爲「總是」，實則應爲「經常是」較佳；全句爲經常是稱心快意的。

語解

使人超凡登仙的九轉金丹已經煉成功了，服用之後頓時感覺身輕似能凌風御虛，實在美妙；若有人問我今後前程際遇如何，我想因爲已服用了九轉金丹，已能凌風御虛，所以無論名利，自然是常常能如願囉。

批斷

得此籤者，所問之事，經九轉曲折，多變而成，故不應妄動輕進，只要努力得法，雖有曲折，反而愈有助成之功，最後定能稱心如意，達成理想目標。

此乃九轉成功、名利遂願之籤示也。

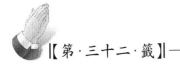

三三
甜言善語似開懷 纔入牢籠撥不開
酒色氣財宜早戒 貪得不免有非災

詞註

一、纔入：「纔」通「才」字，「才入」為「始入」、「一進入」、「剛進入」之意。

二、牢籠：為有形的監獄與無形的「被誘入慾望深淵」之意。

三、貪得：形容求得無饜（不滿足）之謂。

四、非災：非常之禍、不速之災。

語解

別人引誘你、誆騙你的話一定都是甜言蜜語，聽來令人愉悅開懷，但這正是口蜜腹劍啊，他（們）為了利用你、陷害你或引誘你，所以他們逢迎你，使你在不知不覺中深陷而不自覺，反而樂在其中，就好像你剛剛才踏入牢寵，還來不及轉身抽腿，就已經被鎖住而打不開門，難以脫身一般，所以你應該早些戒除酒色財氣等諸般妄行，清心寡慾，以免因爲需要滿足這些慾望而貪得不法之收入，最後難免大禍臨頭。

批斷

得此籤者，尤應注意小人包圍與逢迎、引誘，一旦落入陷阱即難以抽身，故應及早幡轉，親君子、遠小人，要多聽逆耳忠言，勿信順心之語，如此才能得免災禍，否則繼續執迷不悟，則不速之禍勢將臨頭。

此乃修身戒貪、正心免禍之籤示也。

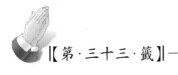

三四
人生定業固無訛　引頸迎刀復奈何
若向空門閑寄跡　恩波雨露不勝多

詞註

一、定業：定數

二、固無訛：從來都沒有錯過或從來都不是空言。

三、引頸迎刀：即伸頭讓刀砍脖子之意，含有因逃不過而乾脆任由擺佈之意。

四、復奈何：即「又奈何」、「又能如何」的意思。

五、空門：原指佛門，在此則亦泛指在名利場外之山林或修身養性處。

六、閑寄跡：「閑」者，「習於」之意，「寄跡」即託足或涉足、涉獵之意；全句爲常常涉足（涉獵）之意。

七、恩波雨露：全句「恩波」及「雨露」均爲恩澤之意。

八、不勝多：意指非常多或不可勝數的多。

語解

人生諸般階段的際遇，確實是有許多的定數在這其中決定著一切，而且似乎從來都不是空言騙人的，因此要勇於面對橫逆，將之視爲考驗與挑戰，就算是努力過後，仍然無法力挽狂瀾，逃避不了失敗的命運，那麼除了用有如「縮頭也是一刀，伸頭也是一刀」的態度接受它，又能如何呢？反正狀況已然如此，如果能有所覺悟而開始涉獵一些修身養性的功夫以探索人生、瞭解人生或涉足方外修習道法，如此將能有助於你參悟人生，你將會發現生命中許多令人驚喜之處（這些多是以前被世俗名利與成敗等錯誤價值觀所矇蔽的心所不曾發現過的），而深深的體會到，原來上天所賜與的恩澤是何等的豐厚啊，屆時所謂的成敗得失對你而言，又是另外一番新義了。

批斷

得此籤者，所問之事，皆屬定數，除勞心勞力的努力與成全之外，並不是「急」就可以成事的，一切在盡人事後，順其自然，並應學習從其他角度來看待際遇與參悟人生，那麼成敗對吾人而言，自有另一番新解了。

此乃順命戒急、知恩造福之籤示也。

三五

蓬窗草舍暫淹留　知命樂天休謾愁
竚待震雷驚曲竇　直教群蟄盡回頭

詞註

一、蓬窗草舍：寒陋門戶，形容不得志時生活條件的惡劣。
二、淹留：即留連之意。形容受困不得發跡而棲留。
三、謾愁：亂發牢騷之意。
四、竚待：「竚」為企立、久立之意。「竚待」是形容靜立伺機之意。
五、直教：有「只叫它……」及「包管叫它……」之意。
六、蟄：蟲之藏伏於地者謂之蟄。

語解

時下的你不得志，所以只好暫時停留在這個並不令你滿意又難以伸張理想的情況下，然而你要樂天知命達觀些，多作些實力上的充實，以備將來發揮，因為徒然整日大發牢騷、表現不滿，對你是毫無意義的，只要你確實充份準備實力，安心靜待屬於你的機運到來，屆時你的聲勢將如雷鳴一般的震驚大地，甚至寒門陋巷、地中蟲洞也無所不及，讓藏在地表下的昆蟲，因藏不住而都跑回地面上原形畢露了。

批斷

得此籤者，宜樂天知命，從容待時，不可急躁或指天罵地的發牢騷，其實這段待機時刻正是你「蓄」、「養」實力及專業技能的機會，來日才能乘時而有「節」、「宣」之能。

此乃待機候時、稍安有吉之籤示也。

三六

蝸休龜隱沒蓬蒿　虎伏龍降道愈高
自得山林泉石趣　不愁饑饉與兵刀

詞註

一、蝸休龜隱：蝸、龜均是有甲殼的生物，較其他無甲殼者要安全得多了，在此是形容連有甲殼的蝸牛和龜類都不再爬行在外的隱藏（居）起來了。

二、沒蓬蒿：是形容沒入（隱入）沒人有興趣、也沒人會注意到的蓬蒿亂草之中，不爲人所見。

三、虎伏龍降：此處不是指「降龍伏虎」，反而是指「虎有所伏」與「龍有所降」，因爲虎伏爲撲攫之前奏，故俗云：「虎有所伏。必有所取。」另龍降爲翻雲覆雨之前奏，故俗云：「龍有所降，必有機祥。」所以「伏」與「降」都是爲了更「高」的動作而表現的。

四、道愈高：「道」者，術也，方法也。全句爲「將表現出更強的能力」。

五、自得山林泉石趣：意指在山林泉石中安身且自得其中形意之情趣。

六、不愁饑饉與兵力：意指與世無爭，在最不被注意的地方，反而沒有爭食與加害的對象，也不必管他外在世界的擾攘爭奪。

語解

什麼是得失呢？在生命與生活中的得失，是沒有標準答案的，它讓人各取所需，而各取所需的手段、方法與結果，亦將隨著目標的不同而大異其趣；你看有甲殼保護的蝸牛、烏龜，牠們不但沒有藉著甲殼的保護而任行四方，反而是沒入最沒價值、最不惹人注意的蓬蒿亂草中安身立命，結果多半長壽。再看猛健無比的老虎，為什麼要俯伏著身子呢？見首不見尾，神靈活現的龍又為什麼屈降凡間，顯在世人面前呢？牠們是不是落難了呢？不是的，原來牠們是為了下一招更高明的表現，看！老虎撲上去捕食了，再看！神龍翻雲覆雨，運作機祥禍福人間了，這就是「虎有所伏必有所取」、「龍有所降必有機祥」的道理；如果能在山林泉石中與萬物為友，天人合一的自得情趣之樂，在無人爭食與加害的情況下，無憂無慮的過生活甚至與山河並壽，如此豈不妙哉。

批斷

得此籤者，須知明哲保身，以退爲進之道，此時不宜力進強求，而隱沒不顯、隔岸觀火，甚至漁翁得利（得自得其樂之利或得名利富貴之利），豈不省力？豈不高明？何必苦心又自貶身價的與野狗爭食呢？到頭來恐將遍體鱗傷、食不裹腹，何其狼狽不值啊！

此乃知機識時、以退爲進、有爲有守、待時取吉之籤示也。

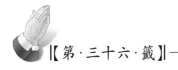

三七
富潤屋兮德潤身　綽然出義復居仁
安如山岳難移動　百福千祥日日臻

詞註

一、富潤屋兮德潤身：本句語出宋代歐陽修之言。「潤」：爲受滋益之意；全句意爲：「財富可以使陋舍變爲華宅，德義卻可以使人因操守端正而受敬重」。

二、綽然：寬裕、多有之意。

三、出義：係指對自身以外之人事物皆以義待之。

四、復：此處之「復」爲上文「出」之反義字，有「返」、「入」等意。

五、居仁：爲宅心仁厚，自處以仁之意。

六、安：安穩。

七、臻：至、及之意。

八、日日臻：即日日來到之意。

語解

雖然財富可以讓我們用來改換門面，使陋舍變爲華宅，但是德義卻可以使人操守端莊而受人敬重，所以只要我們待人接物都能合乎規矩義理，又能以仁、愛爲起心動念的出發點，那麼我們在這世上安身立命，不但可以穩如泰山，甚且還將有想不到的福氣，日復一日的不斷降臨到我們。

批斷

得此籤者，凡所求問之事合乎仁義常理者可得成就，平日亦應在起心動念間以仁愛義理爲出發點，則將厚致福祥。

此乃仁義持中、厚致禎祥之籤示也。

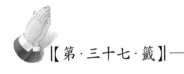

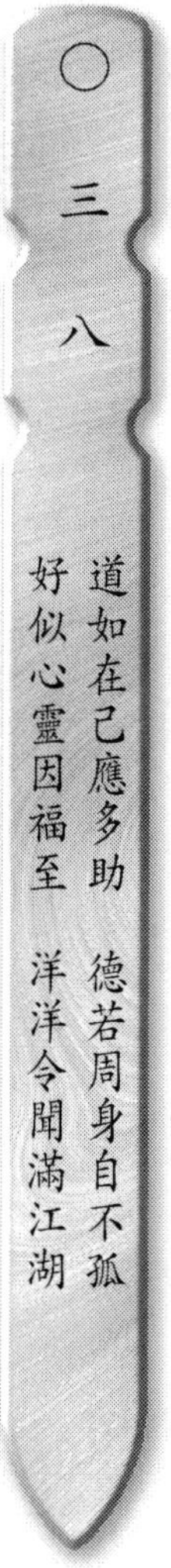
三八
道如在己應多助　德若周身自不孤
好似心靈因福至　洋洋令聞滿江湖

詞註

一、道如在己：係指如果自己所行合乎正道（天道、中道、人道）。

二、應多助：形容必然會得到許多助力。

三、德若周身：形容立身處世、待人接物的道德操守，如果沒有可議（瑕疵）之處。

四、自不孤：係指自然不會獨立無助。

五、好似心靈因福至：形容德業修持精純，一切舉措正確、美好得就像是福至心靈得到暗（啓）示一般的自然而又不會錯。

六、洋洋：形容美盛之意。

七、令聞：美名。

八、滿江湖：形容滿天下之意。

語解

如果自己所行所爲皆能合乎正道，自然會得到許多助力；如果立身處世、待人接物的品德操守，沒有予人可議的瑕疵，也自然不會孤立無援的；在德業修持精純、練達、均衡的狀態下，一切舉指正確、美好得就像是福至心靈、得到啓示一般的自然又無誤，以至於美好的名聲盛傳四方，享譽天下。

批斷

得此籤者，所求之事多助多功，而且能享有美譽，除非有虧道德，爲人所嫌。

此乃道德齊身、多功多吉之籤示也。

三
九
駟馬高車走九衢　不須首鼠與狐疑
運斤斵堊誇精手　指日聲名謁漢都

詞註

一、駟馬高車：即古代富貴之家所用之四匹馬拉的高蓋華車。

二、走：奔馳無阻。

三、九衢：即古代所謂九達之衢道也，今譯爲四通八達的幹道所交織的交通樞紐動線。

四、首鼠與狐疑：即前瞻後顧、遲疑不前。

五、運斤斵堊：「運」：即操作轉動。「斤」：斫（斬）木所用之刀。「斵」：即斲字，爲斫、斬、擊之意。「堊」：即以泥塗飾稱堊，音「惡」。在《莊子》一書中提到「郢人堊墁其鼻端，如蟬翼，使匠石斵之，匠石運斤成風，堊盡而鼻不傷。」這個典故就是本句之出處，意思是說：春秋時代，楚國的國都郢有一個人，在鼻端（尖）上施抹上一層薄如蟬翼般的白粉後，叫一位名字爲石的匠人（木工；古代只有木工稱「匠」，今人則通用於各業，如泥水匠、鐵匠……）用他平日做木工時所用之刀來擊斬之，結果該位名石的木匠用木工刀，以快得像風一樣的速度，在眾人還來不及看清楚的情況下，就已經將對方鼻端上的白粉斬刮乾淨了，而且絲毫未傷及鼻端的皮膚。這句成語典故是形容技高神妙之意。

六、指日：不日；形容有如要不了幾天的短期間。

七、聲名謁漢都：形容名聲上達人文薈萃的京都（首都）。（按：關帝君爲東漢末年人，畢生盡忠於漢室，故此以漢都形容最重要的行政區域。）

語解

現在的你，有如乘坐著四匹馬拉的高蓋華車，在能夠通往各地的交通樞紐幹道上沒有任何攔阻的奔馳者，想到那兒就到那兒，可以隨心所欲而往之，不須像老鼠與狐狸一般的瞻前顧後、遲疑不前；不但如此，連同你高妙精純的專業技術與智慧，亦將在短期間聲名遠播，甚至上達人文薈萃的國都重地，使你名利雙收。

批斷

得此籤者，所問之事皆能進而有成，甚至名利雙收，唯仍應注意看定目標，逐一而爲，若同時進行若干事，反有駟馬殊途、毀車覆亡之危。

此乃名利雙收、亨通大吉之籤示也。

四〇

老樹生花滿目春　福生災散戶門新
幾多好事今成就　自是疎中卻有親

詞註

一、疎：同「疏」字。

二、自是疎中卻有親：自今而後，原來疏於來往的卻都親近熱絡起來了（對人而言，有如「窮在鬧市無近鄰，富在深山有遠親」一般）。另，自今而後，原先看似不太可能的事，卻都變得有可能成就了（對事而言）。

語解

原來久未開花的老樹，現在枝椏上卻開滿了花，眞是滿目春色，欣欣向榮；原來阻滯你的災厄，現在正在散去，而且還增生了不少的好運道，使得家門氣象爲之一新；原來許多飽經拖磨、久不見功的好事，現在也開始一件一件的遂心如願的完成了；自今而後，不論是人、是事，原來疏離、不可能的，都將會變成親近且有密切關係的，這些都將對你有莫大的助益，這眞是好的開始啊！

批斷

得此籤者，災消福生，有枯木逢春之象，爲好運道之始，所求問之事亦能成就遂心，唯應注意或許會有先難後易的情形。

此乃時來運轉、由剝而復之籤示也。

四一
一花將謝一花開　事若求全意轉猜
猶喜根深宜蒂固　到頭難免喜中哀

詞註

一、意轉猜：「猜」爲疑慮、愁疑；全句爲心思轉來變去，愁疑多多之意。

二、猶喜：慶幸、還好之意。

三、宜：適宜於、應該。

四、到頭：至終、最後。

五、喜中哀：在慶幸中有遺憾；喜中含悲之意。

語解

看看這一朵花謝了，同時又一朵花開的情形，這就已經暗示了還不具備花開並蒂的福分（至多只有一朵花開的福氣），若要強求兩全其美，一舉兼得，那麼只會徒然的增加幾多愁煩與疑慮。不過還好這樹根還算種得深，還能獲得到一些養分，所以當前的要務是，應該全力滋養著枝頭上這朵花的花蒂，使它強壯，穩固不致凋謝，如此或許在鞏固了這朵花之後，才有可能並開第二朵花；不過花朵雖好，終究不久要謝，此花雖開固然令人喜，唯彼花又謝豈不令人感傷，這已暗示了事情最後仍有不可避免的遺憾，要有圓中有缺、喜中含哀的心理準備與認知啊！

批斷

得此籤者，所謀之事得一失一，難以兩全其美，故應擇要而固守之，切不可妄求、妄進，徒慮而無功。

此乃得失參半、固守保吉之籤示也。

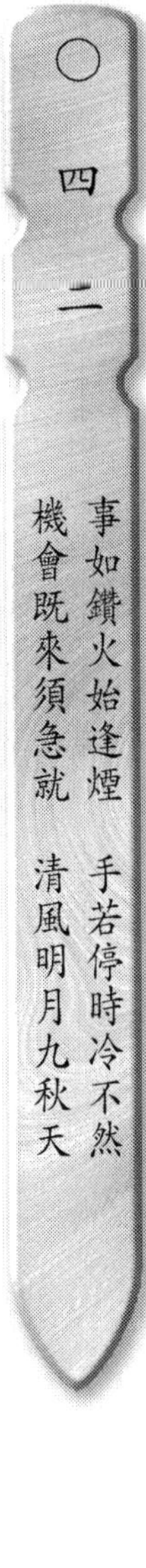

詞註

一、鑽火：即鑽木取火的簡稱。

二、不然：即「不燃」之同義詞。

三、就：迎也，從也。

四、九秋天：九秋與三秋均係秋季的形容詞；「九秋天」即秋季時節之意。

語解

事情的情況就像是鑽木取火，到了剛開始冒煙的程度了，此時如果停手，這木頭將會冷卻下來而不致引燃的。所以機會既然來了，事情也有了好的開始，就要快快迎向前去牢牢的把握住它，若能如此，則在今年的秋季時分，將會有令你愉快的收穫，就好像清風明月那般的令人心怡。

批斷

得此籤者，所問之事已有好的開始，宜把握機會繼續努力，不可半途而廢，其結果將應在秋季時節，屆時當有所成。

此乃乘機用事、善始有終之籤示也。

四三

火然方始滅何難　原燎如今千萬山
更欲延年除痼疾　要須玉髓與金丹

詞註

一、火然方始：「然」即燃；全句係指當火苗剛剛才燃起之時。
二、原燎：形容野火在平原上蔓燒開來。
三、更欲：想要進一步的……。
四、痼疾：久年之疾病。
五、要須：必須要。
六、玉髓與金丹：「玉髓」即玉石中之精液，俗稱玉液；「金丹」者爲道士燎金石爲藥，謂服之可成仙，稱爲金丹，此說有內丹、外丹之分，內丹係以己身精氣煉成之丹，而外丹則指煉金石爲藥之丹，煉製中有一轉至九轉之別，以九轉金丹最妙。故此之「玉髓」與「金丹」均係指非常難得的高貴藥材與醫術而言。

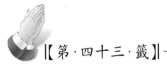

語解

在火苗剛開始燃起時，要撲滅它又有何難呢？如今的情況已經像是由星星之火而燎原蔓燒，以致燒成如千萬座山那般火勢的森林大火，是很難撲滅的了，這些情況是輕忽誤時所致，此時若想進一步的克服這些禍事，就好像要除去久年不癒之症，除非有如「玉髓」和「金丹」一般高妙的醫術和難得的珍貴藥材，否則是不可能的。

批斷

得此籤者，未舉諸事，皆應慎始，勿以善小而不為，勿以惡小而為之，切莫輕忽，否則必然敗事；已然發生困難之問題或病症，皆屬難治，盡人事，聽天命而已（盡人事或可使後續惡化之勢稍減）。

此乃慎始敬終、延怠貽禍之籤示也。

四四

勝負榮枯反掌間　急圖活法濟艱難
眼前清濁須分別　莫作尋常容易看

詞註

一、勝負榮枯：即俗云之「勝敗興衰」。
二、反掌間：喻事情之非常快且容易。
三、圖：規劃、策劃。
四、活法：有效的救亡之法。
五、濟艱難：即度過艱難。
六、清濁：即所謂之是非、對錯、好人壞人等。
七、分別：分辨、辨別。

語解

事情的成敗存亡、變化是快又容易，只要一個不注意，就會有嚴重的後果；現在面對當前的狀況，只有迅速的策定有效方法來救亡圖存，度過困難，在這當中特別要注意的是，要針對你所接觸與該項事務有關的人或事，做出明確的是非分辨，才能有效的除惡避禍，切不可把這項應該有的評估（分辨）作爲，當成平常而不甚緊要的事哦！

批斷

得此籤者，所問之事的態勢，成敗已懸於頃刻之間，當務之急首在對人、對事明確的去蕪存菁，才能轉危爲安。此外，其他諸事均宜審慎、精實之。

此乃危機四伏、救亡圖存之籤示。

四五

金馬玉堂知有分　青燈黃卷可留心
勸君動用休狂妄　且要功夫積累深

詞註

一、金馬玉堂：形容功名富貴之意。
二、有分：「分」音為「奮」，原為琛寶之器，在此則為「與某事有關係、有緣份」之意。
三、青燈：即以油或蠟所點燃之燈。
四、黃卷：古人寫書盡用黃紙，用黃檗染之以避免蠹蟲咬書故咸稱書為黃卷。
五、留心：形容留在心中反覆研究以加深印象之意，即今所謂之「注意」。
六、動用：行動舉指。
七、狂妄：「狂」為浮誇、輕狂；「妄」為不務實、不切實際、虛妄之意。
八、且要：而且還需要……。

九、功夫積累深：即像鐵杵磨成繡花針一般的痛下功夫。

語解

你與富貴功名是有緣份的，因此你要在燈下用功讀書，奉勸你不可心猿意馬、舉指浮誇或不切實際，應該針對目標，專心向前，而且還要像把鐵杵磨成繡花針一般的痛下苦功，如此自然有成，否則即便命中功名有分亦不可得啊。

批斷

得此籤者，務宜立志求學，攻取富貴，若是三心二意或希望靠運氣、不勞而獲是絕不可能的，必須要苦心研讀，痛下深功才有收穫。

此乃用功進取、虛妄廢事、黃卷留心、緩成有吉之籤示也。

四六

動用周旋戒自輕　君須持重有威名
黃金非寶休貪戀　且向源頭辨濁清

詞註

一、動用周旋：「動用」爲心思意念上的起心動念及實際行爲上的落實執行。「周旋」爲對人事物的應對與處置。

二、戒自輕：不可因輕浮背道而喪失自己的價值與格調。

三、持重：持守莊重。

四、威名：因尊嚴而有的名聲。

五、源頭：係指實物上的來源及理念上的義利之辨。

六、濁清：係指實物上的來路是否合法或不合法；另則爲「在理念、認知上對將要接受的事、物所做的義利之辨」。

語解

服務社會與複雜多變的人、事、物頻繁往來，要特別注意從看不見的起心動念到實際的付諸行動，都千萬不可因自己背道而行以致產生喪失人格、價值與自尊的輕浮與輕薄的行爲。相反的，在人前人後，在明堂或暗室，皆應莊重自持，使自己獲致別人的尊重而有好名聲，這是「君子不重則不威」的道理。現在所面臨的進財機會要特別小心，因爲不義之財，即使貴重如黃金也絕對不是寶貝，它反而是誘你陷入危機的利器，所以一定要查明來源是否合法，是否正當，是否合乎於大義、正義與公義，如此才能得所當得、卻所當卻，不致自貽伊戚。

批斷

得此籤者，應知凡事持重，不可有非分之想，須知「退守有遠禍之功，妄爲則有速禍之過」，任何財利之事均應正當、合法且又合乎公義、公德而收入，否則宜急卻之。

此乃持守戒妄、安分而吉之籤示也。

四七
安居健馬走通衢　苦澀辛酸今日無
有法持盈君識否　謙溫恭儉可無虞

詞註

一、安居：形容心無旁騖的經營現況，不做他圖，就好像好好的待在家中一般。

二、健馬走通衢：係形容生活的福氣，將會順利得有如騎著壯健的駿馬，通行無阻的行走四方一般。

三、苦澀辛酸：形容諸般的勞苦、困頓與委屈、無奈。

四、今日無：係指在奉行上一句指示之當下就不會再有……了。

五、有法持盈：係指有好的方法可以幫助你保持已經不錯的現況。

六、君識否：你知道嗎？你見識過嗎？

七、謙溫恭儉：「謙」：謙虛、謙和；「溫」：溫良、溫順；「恭」：恭敬、肅敬；「儉」：節儉、節約。

八、可無虞：可保沒有煩惱。

語解

好好的安居樂業於現狀，你的行運仍將如騎著駿馬，無阻的奔走於四方大道上一般順利，其實你現在的情況並沒有勞苦困頓、無奈委屈等情事，誠可謂是「比上不足，比下有餘」了，即便是有這些煩惱，只要知足常樂於現況，莫做非分之想，當下你就能免去這些煩惱。所謂持盈保泰是有方法的，這些方法你是否有所認知呢？其實你只要切切實實的在爲人處世上，奉行謙和、溫順、敬慎、節儉的德行，你就一定可保盈泰而沒有煩惱了。（怕只怕你以當下之盈泰爲不足而意圖大舉以進，由於相關條件與時機仍未成熟，當然會令你不勝煩惱了。）

批斷

得此籤者，應知足始能常樂，不可急進求功，否則在時機與條件均不夠成熟的情況下勉力而爲，將不會獲利，尚有可能會失去既有，故應以謙溫恭儉之道持盈保泰之。

此乃知足常安、動進有失之籤示也。

詞註

一、市朝：古者刑人於市，爵人於朝，故市朝皆指公眾而爲人所指目（關注）之重要地方。

二、鐘鼎：古富貴者列鼎而食，食而擊鐘；故係形容富貴之意。

三、市朝鐘鼎：係指富於市場，貴於朝堂。

四、因：在此作「緣」字解。

五、山林：修身、保眞之所。

六、世塵：塵俗也；仙佛之稱人世與隱士之稱宦途皆爲「塵」。故世塵亦即世俗人之名利。

七、通變法：通權達變的方法。

八、遠圖：長遠、遠大的計劃。

九、白頭人：係指有智慧且人生閱歷豐富的年長者。

語解

看來是無緣成爲人所矚目的富貴者了，還是應該選擇一個能夠修身、保眞的地方，來遠離世俗人所追求的名利爲宜，處在這個當下，要知道通權達變的方法去因應它，不可仍然一味的追求名利，執著不退，如此只會徒增困擾而已，須知人生的目的與生命的意義，絕非名利富貴所能全部涵括的，還有極大可貴的部份是在這富貴名利之外，而且還是對生命眞正有意義、有好處的，所以如果要對今後的人生做長遠的規劃，期能眞正的提升生命價值，就應當去向人生閱歷豐富又有智慧的長者或得道高人求教，當會對你有所啓發。

批斷

得此籤者，應對既有的人生規劃做修正，凡事莫再如世俗人的標準而追功求利，應有高遠達觀的見識、不爭一時之利而爭千秋之名。

此乃高明通變、守舊莫貪之籤示也。

四九

多防手足致憂來　禱鬼求神枉費財
雲去月來花弄影　不須愁懼不須猜

詞註

一、手足：兄弟或左右親近之人。
二、致憂來：帶來問題，造成困擾。
三、禱鬼求神：謂向鬼神仙佛拜拜求福之意。
四、枉費財：意謂耗費財物亦枉然之意。
五、雲去月來：意謂烏雲去、明月來，是形容否去泰來。
六、花弄影：描述美麗的花朵在皎潔的明月光照之下，和著徐來的清風而款擺搖曳它的身影；係形容愉悅自得之意。
七、愁懼：擔心害怕。
八、猜：疑猜、疑慮。

語解

要多多提防兄弟或左右親近之人爲你帶來的問題，以及所造成的困擾，值此之際，務必要謹愼檢點，不可粗心大意或意氣用事，求神拜拜、耗費錢財也是無濟於事，還不如自己小心提防來得有效，眼下雖有不順心的麻煩事，然而只要堅守正道，審愼而行，在不久的將來自然能夠否極泰來，愉悅自得，你可不須擔心害怕，也不須疑慮的。

批斷

得此籤者，恐有破耗之事，凡事宜謹愼小心，尤防身邊之人，任何舉指均應稍安勿躁，自有雲散月來之時。

此乃先凶後吉、守正待時之籤示也。

○五十

須知口是禍之門　只可三緘莫浪言
不若用和為貴美　團團碧月滿乾坤

詞註

一、浪言：即亂說話，隨便表示意見之意。
二、三緘：此指「三緘其口」，「緘」者閉也，「三」爲再三、多次的意思，全句爲多閉口、少說話之意。
三、和：和氣。
四、團團碧月：係用圓月形容圓滿美好之意。
五、乾坤：此作天下或眾人之間。

語解

要知道口是招禍之門的道理，凡事應多閉口，不要得理不饒人或自以爲是的咄咄逼人或放言漫評，古代賢者早就告訴我們「病從口入、禍從口出」，所以與其以言招禍，不如用多聽少說、寧靜祥和的和氣來待人接物才是最為美好的情形，果能如此而行，那麼今後你的人際關係將會如月圓般的美好。

批斷

得此籤者，應明哲保身、守口慎行，待人接物亦宜多客觀聽取，少主觀表示，如此自能祥和圓通。

此乃緘口用和、保守遠禍之籤示也。

五一

無端眼目不分明　莫怨神嗔鬼負凌
賴有撥雲高妙手　要知方寸冷如冰

詞註

一、無端：原意爲「無因」也，即俗云之沒來由的、沒道理的、莫名其妙的。

二、眼目不分明：形容識人不明，忠奸莫辨。

三、神嗔鬼負凌：神鬼喻君子與小人，親者與仇者；「嗔」：怒也；「負」：忘恩背德之意；「凌」：侵害、欺凌；「負凌」可通解爲欺負之意。全句爲君子的責備與小人的欺負；另解爲神明發怒而不降福以及鬼怪的作祟與欺負。

四、賴有撥雲高妙手：幸好有貴人可恃，藉著他高明的手段來撥雲見日，掃除烏煙瘴氣。

五、要知：當明白究竟後。

六、方寸冷如冰：「方寸」者，心也。全句爲心冷如冰（係形容認清小人之後的傷心情形）。

語解

你實在是沒道理的識人不明（意謂著別人都看得出來，唯有你還渾然不覺），以致造成了許多麻煩與困擾，所以你也別埋怨關心者的責備和小人對你的欺負（也別埋怨失去神明的祝福而倒楣連連），幸好你有貴人用高明的手段及時相救，爲你除去這些烏煙瘴氣，等到撥雲見日，明白究竟、驀然驚覺之餘，眞相已使你傷心得心冷如冰了。

批斷

得此籤者，應愼防小人，免受其害，愈是親近僞善者愈須注意，以免到時呼天不應、喚地不靈，縱有貴人相救，亦只能免卻後患，對已經造成的傷害是無法彌補的，故愼始重於善後，不可忠言逆耳，好信巧佞。

此乃防杜小人、撥雲見日之籤示也。

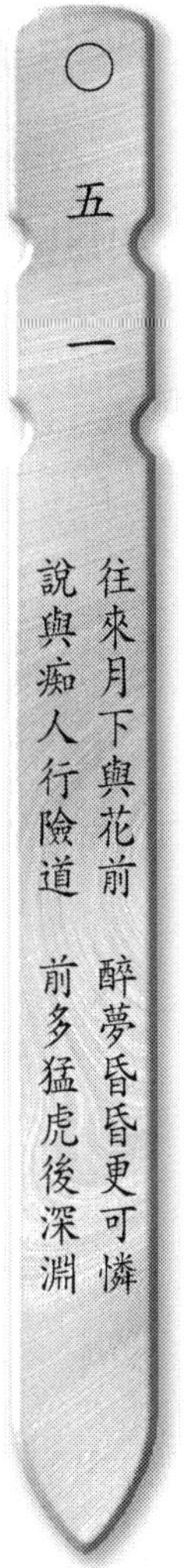
五
一
往來月下與花前　醉夢昏昏更可憐
說與痴人行險道　前多猛虎後深淵

詞註

一、往來：意謂頻繁出入周旋於……。

二、月下與花前：形容酒色慾壑之地。

三、醉夢昏昏：形容醉生夢死之意。

四、更可憐：形容愈益悲哀之意。

五、說與痴人行險道：告訴你這個不知死活的愚昧者，你現在正走在危險得足以致命的道路上。

六、前多猛虎後深淵：形容前後皆險，進退維谷的絕境也。

語解

頻繁的出入、周旋於酒色之間，終日醉生夢死的情況，實在令人感到悲哀啊，告訴你這個不知死活的愚昧人，你現在正行走在前有猛虎、後有深淵，隨時均可致你於死地的險道中，你怎能不儆醒小心因應呢？

批斷

得此籤者，應速離花鄉酒國、色慾之地，切莫留戀，否則將破財、誤事又致病，亦不可企圖用類此之交際方法來周旋圖進，如此亦將得不償失，自貽伊戚，唯有誠正守道，或得脫險。

此乃進退皆危、保守求安之籤示也。

五三

爛石煎砂何太甚　亢陽如火物如焚
民心激切投情重　仰面干天又必聞

詞註

一、爛石：在古書《拾遺記》中記載：「員嶠山西，有星池，出爛石，常浮於水，色紅、質虛，燒之，香聞數百里。」然在此不做此解，此之「爛石」爲被太陽晒得火燙的石頭。

二、煎：爲烹飪法之一種，係用薄油炙物使熟之法；在此則形容相逼迫、相熬煉之意。

三、何太甚：何太急、何必太過分之意；係形容原不該有的行爲竟然違反常理的發生了。

四、爛石煎砂：石碎化而成末者即是砂，故砂與石原是同質而出（有如植物之同根生的意思），而今以石煎砂，係形容同類的事物相比、相爭、相迫，有情況嚴重、

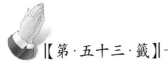

火上加油之意。

五、亢陽：驕陽。

六、物如焚：字義為各物受熱之後的高溫，如火焚過一般；形容反應激烈、亢奮如火。

七、激切：「激」：言論過直。「切」：急迫。形容急切直陳某事。

八、投情重：投入極重的眞情。

九、仰面干天：翹首求天。

十、又必聞：「又」：更也、復也；「必」：果也，「一定」之意；「聞」：聽覺（聽聞）之意，另有名譽聞達於四方之意。

語解

為了理想的追求與達成，雖然你表面上沉潛待時，但你的心急如焚，其實何必要像熱石煎砂般的急切呢？又何必像置身在「上有驕陽灼人、下有熱物烤人」的環境中，而急得如熱鍋上的螞蟻一般呢？我知道你對所想、所望的理想或事物，已經急切地投入極重的感情，可謂用心甚深，其實你只要定下心來，一改急切之情為雍容之度，再以平和、謙卑的心祈禱求天，那麼稍假時日，上天必然會因爲垂聽到你的祈禱而使你達成心願，甚至聞達四方。

批斷

得此籤者，凡所想望之心願切莫太過性急，恁憑理想再高、再好也不可太急躁，切記事緩則圓，躁進則有過，只要稍安勿躁，以誠感天，略假時日，自然有成。

此乃除卻憂煎、心寬泰來之籤示也。

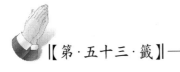

五四
有身須假氣流通　忽爾今朝塞滿胸
須待乾坤煙雨霽　一輪明月掛虛空

詞註

一、有身：「有」親愛之意，古代「有」與「友」相通，如《詩經》之句有云：「亦莫我有」。故此處之「有身」可做養身之意。

二、假：藉著。

三、氣流通：指血氣之流通與新陳代謝。

四、忽爾：忽然間。

五、今朝：字義雖爲今天，然併上下文義應爲「一旦」之意。

六、塞滿胸：係指充滿胸臆，精神抖擻之形容。

七、乾坤：文義爲天地，在此則指運氣、際遇。

八、煙雨霽：「霽」者雨止也，凡雲霧散、雨雪止，皆謂之「霽」；「煙雨」

係形容一切不順利之逆境及困乏人的瑣事。全句係雨過天青，晦暗去、光明來之形容。

九、虛空：即天空。

語解

身體能夠維持健康，發揮各項肢體、器官以及意識的功能，是必須要藉著氣血的循環流通和新陳代謝，而今在驀然之間，好像被氣血充滿胸臆而精神抖擻起來，儘管如此，積鬱已久的你仍需稍待時日，才會享受到雨過天青的美景，屆時你的情況將會圓滿得像一輪明月當空高掛一般美好。

批斷

得此籤者，憂疑方散，荊棘漸脫，只要自愛，不背理而行，諸難（含疾病）自能雨過天青，雲散月明。

此乃順理而行、稍安後吉之籤示也。

五
五
奇花再發月重圓　好把鸞膠續斷弦
自是興隆從此始　君家留地有金錢

詞註

一、奇花再發：特別珍品的花又重新綻放。

二、月重圓：形容自原來的月缺再變回月圓；有自原來的遺憾逐漸成為圓滿的意思。

三、好把鸞膠續斷弦：「好把」：原為喚起注意時所發之語，類如「諸人好生聽取」之「好生」一般，此處可解作「好好的拿出……」之意。「鸞膠續斷弦」：典自《漢武外傳》記載：西海獻鸞膠，武帝弦斷以膠續之，弦之兩頭遂相著，終日射不斷，帝大悅，名續弦膠。故全句為以鸞膠使斷弦接續，有斷而復合之意。

四、留地有金錢：形容往後將富有財貨。

語解

珍品的花將重新綻放，月缺又變回月圓，曾經失去的、遺憾的都將回復美好，此時此刻可以用心經營所問、所想之事，就好像拿出粘性極強的鸞膠來接續斷弦，可以收到預期的效果一般，甚至於從此開始日日興隆，並使你往後富有財貨。

批斷

得此籤者，諸事愈趨如意（或有失而復得，破鏡重圓、斷而復續等轉憾爲喜之事），往後大吉，唯應妥爲施肥方使花開、蓄勢待時方得月圓、好把鸞膠方能續弦，若自己的實力或努力付出的心力、感情、資金……若有不足，即使時運當鴻，效果亦將大打折扣，所以只管努力，勢將趁運而發，無須憂疑。

此乃花再發、月重圓、弦再續、興隆始之籤示也。

五六
風急狂濤浪拍空　暝雲凍雨失西東
忽然開霽天淵靜　魚躍鳶飛樂不窮

詞註

一、風急狂濤浪拍空：驟猛的強風高高地掀起巨大險惡的波濤，拍打著天空；形容風急浪高之意。

二、暝雲凍雨失西東：意謂遮蔽天際的烏雲和寒徹筋骨的雨水，令人在黑暗又寒冷的情況中，不辨東西方向。

三、開霽：形容烏雲散開，風雨停止之意。

四、天淵：浩瀚的天空與地面的山川。

五、魚躍鳶飛：「鳶」爲鷙鳥之一種，俗稱鷂鷹。全句就情境描述而言是形容萬物眾生各正性命之美好情景；就個人而言則是形容快樂得意之狀。

六、樂不窮：以現代語解即爲：「快樂得不得了」。

語解

看啊！驟猛的強風高高地掀起凶險的巨浪，不斷拍打著天空，危險的程度實在無法形容，不但如此，還有蔽空的烏雲以及徹骨寒雨的襲擊，無論是肉體、是精神都痛苦難當，以至於莫辨東西，不知應往何方才能脫離危險困厄；忽然間雲散天開，風停雨止，天地山川恢復了原有的寧靜，讓人又可以按照理想、希望來好好經營，而且還有豐富、得意的收穫，就如同魚兒高興得跳出水面，鷂鷹神氣的在高空盤旋，各自發揮生命的特質，享受無窮快樂的生活一般。

批斷

得此籤者，雖然現今處於困厄絕險之中，百般不遂，亦不知何從何往，只要誠正守志，待時自通，屆時任何人、事、物之危害均將收斂終止，自己亦將能按照理想、性向而快活度日。

此乃度盡重險、雲開天淨之籤示也。

〇
五七
暴虎憑河事固難　不須留意強追扳
若從誑語輕移動　何異鮎魚上竹竿

詞註

一、暴虎憑河：原爲「憑河」之全句爲徒手而搏虎，無舟而渡河皆冒險之事，喻人之有勇無謀是也。

二、事固難：係指事情當然難有所成。

三、不須留意強追扳：係指不需要特別處心積慮的去勉強挽回。

四、若從誑語輕移動：「從」：聽從。「誑語」：欺惑人的謊言。全句的意思爲「若是聽從不實之言，就不假思辨的輕率舉動」。

五、何異鮎魚上竹竿：「何異」即指「與……情況有何差別」；「鮎魚」：俗稱鯰魚；「鮎魚上竹竿」：按《歸田錄》云：梅聖俞初受敕修《唐書》，語妻曰：吾之修《唐書》可謂猢猻入布袋矣，妻曰：君之仕宦何異鮎魚上竹竿耶？這是說他毫無進步之意，因爲鮎魚粘滑，勢難上竹，故世人用之爲形容人之求進反退之意。

語解

企圖以徒手搏虎、無舟渡河這種有勇無謀的方法來成事是非常困難的，所以既然已經失去的，也就不必再去處心積慮的勉強挽回，如果聽從別人欺惑你的謊言而輕率的採取任何行動，都將得不償失，無所進益，如此這般與鮎魚上竹竿、不進反退的情形，又有什麼差別呢？

批斷

得此籤者，所失不復，去者不留，故不宜妄圖以求遂意，尤應注意不實之言，凡事三思而後行，否則任何舉措雖然投注心血仍將毫無所獲，此時宜內省深謀，蓄勢待時。

此乃險阻橫陳、徒勞無功之籤示也。

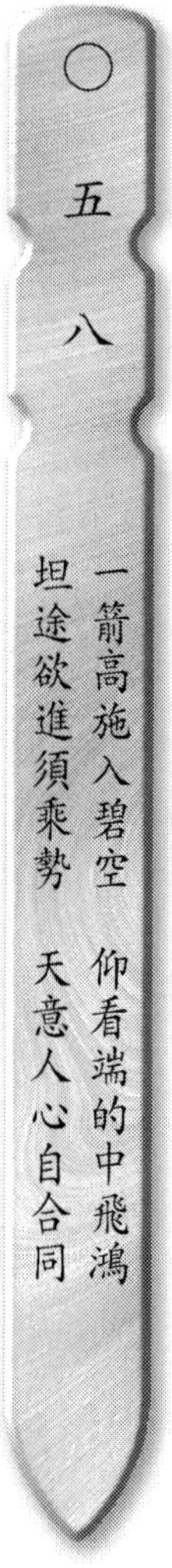
五八
一箭高施入碧空
仰看端的中飛鴻
坦途欲進須乘勢
天意人心自合同

詞註

一、高施：對著高處施為。

二、端的：係指最後那一端的目標。

三、鴻：水鳥名，較雁為大，背與頸灰色，翅黑腹白，性勇，聽覺敏銳，喜集湖邊食菱芡等物。

四、人心：人的願望。

五、合同：符合、相同。

語解

一箭高高的射入碧藍的天空，抬頭看到射出的飛箭最後射中的是一隻飛鴻，這種得心應手的比喻，已經示知了要趁著這良好的機勢，努力而為，當可進入平順的坦途，因為你的想法、願望與天意相吻合，上天自然會祝福你的。

批斷

得此籤者，對所問之事應在夠實力、看得準、有把握的情況下努力而為，當能順利成功，若僅憑運氣稍為順手就想輕易成功是不容易的，這是「天助自助」的道理。

此乃天人合同、得心應手之籤示也。

五
九
惡風吹浪作花飛　砥硅中流鎮不移
欲問太平無事日　牛頭鼠尾更何疑

詞註

一、惡風：兇猛狂亂的風。

二、吹浪作花飛：吹得浪潮激揚有如飛花般之散亂。

三、砥硅中流：「砥硅」爲山名；「中流」爲在河中；全句形容在洪流中屹立不搖的意思。

四、鎮不移：形容安穩不動之意。

五、太平無事日：沒有危險、困擾的太平日子。

六、牛頭鼠尾：係指在地支子（鼠）年末，進入丑（牛）年初之期間。

七、更何疑：何必再持疑惑呢？

語解

兇猛狂亂的風，吹得浪花激揚亂射，如此凶險不斷的衝擊著你，你一定要咬緊牙關，站穩腳步、立定志向、堅持到底，就如同中流砥柱一般的在險局中安定不移，否則稍有動搖就會被洪流沖走而沒頂，所以務必要堅定、堅持才能度過難關，若想問何時才能出險安度平安日呢?告訴你吧，就在鼠年末到牛年初這段期間，你將漸漸的轉危爲安，這是可以不用再懷疑的。

批斷

得此籤者，正處於危險的環境，但是必須立定志向，堅持到底，不能稍有動搖。只有意志堅定，終能度過難關。

此乃危機四伏、否極泰來之籤示也

六
志向乖離氣稟殊　薰蕕不可以同居
別尋嶇嶼棲舟楫　更要均平檢卜書

詞註

一、乖離：背離。

二、氣稟殊：天性所賦予的氣質、特質或本質特性不同。

三、薰蕕不可以同居：《左傳》記載：「薰」者香草，「蕕」者則臭草，二名相和，雖積十年，尚有臭氣，故《家語》云：薰蕕不同器而藏。全句字義爲薰草和蕕草這兩種草是不可以放在一起的。

四、別尋：另外找（尋覓）。

五、嶇嶼：山在水中之大者爲「島」，小者爲「嶼」；「嶇」是形容山勢之峻峭不平。全句俗解爲小島。

六、棲舟楫：停泊船隻；有「使漂泊的人生暫時棲止」之意。

七、均平：從頭到尾，仔細而不偏廢的。

八、檢卜書：查驗卜算（命）之書所記載的內容。

語解

你與伙伴（或合作者）的理念、志向、想法、價值觀及本質特性等均大不相同，以致許多事情的看法與做法都不一樣，這就如同芳香的薰草不可以和惡臭的蕕草放在一起的道理，此時不如另覓他處，如小船停靠在小島邊一般的，使你另有棲止，而且還要普遍而不偏廢的查驗你的命書，好使你知道你的人生方向。

批斷

得此籤者，多有背離情事，或係命中註定有類此之劫歷，應樂觀自適，因應變局；此路不通，再尋他途；此地不宜，再覓高枝而棲；天無絕人之路，且有好生之德，只要秉道而行，不以順欣，不以逆餒，自有一片青天與福田，再說，何必「雞棲鳳凰食、牛驥同一皁」呢？此事是鳳凰、千里馬所不爲的，不是嗎？

此乃陰陽未濟、乖違不安之籤示也。

六一
魚水相忘臭味同　居然滿面愛春風
不須更費閑言語　自是龜從筮亦從

詞註

一、魚水：形容人與人之間的相知相好與契合也。（古多用於形容君臣、夫婦之良好互動關係。）

二、魚水相忘：魚忘了水是水，水忘了魚是魚；形容彼此如同生命共同體般之好，已忘了彼此之分。

三、臭味同：亦即臭味相投。

四、居然：形容事情之發展，非始料所及。

五、愛：此作透露出喜孜孜的表情。

六、滿面愛春風：喜孜孜的整張臉透露出有如春風般令人感到和煦的表情。

七、閑言語：沒有意義的話。

八、自是龜從筮亦從：形容即便是用龜卜或筮占等方法來預測，其答案也是與你所想、所做的相同。

語解

你倆臭味相投的程度已如魚水相歡之生命共同體一般，你們滿面春風、喜孜孜的表情，已然透露出你倆想法、理念的契合，其程度實出他人意料之外。既然如此，又何必多說無意義的閑話呢？因爲現在即使用各種方法占算，其答案亦將與你所想、所做的完全相同。

批斷

得此籤者，所問之事皆能和合有成，其結果將令人滿面春風，故不必多言，進行就是了。

此乃和合平安、從心所欲之籤示也。

六
二
大匠輪輿巧百端　不因繩墨事應難
深藏機路無人識　忽挺婁羅與眾喧

詞註

一、大匠：匠人之長也；亦同今人俗稱之大師傅。
二、輪輿：係指造輪與造車之工人也。
三、巧百端：形容技藝百般的巧妙。
四、不因：不藉著、不用。
五、繩墨：爲工匠用以標直，俾使不歪，利於裁製之工具也。
六、事應難：形容難以成事。
七、機路：重要的竅門與原理。
八、挺：超拔、突出之意。
九、婁羅：據《蘇氏演義》稱，婁羅者；即爲幹辦集事者；如同今人所稱之伙計；形容泛泛之輩。

十、眾喧：形容眾人大聲議論、喧嘩的情形。

語解

大師傅造輪、造車的技藝即便是百般巧妙，然而若不藉著繩墨來修直木材，終究還是難以成事的，這就啓示了我們，無形的才華、技術亦須有形的器械、法度來配合才能彰顯出成果來，就如同人即使懷抱才智，亦須按部就班的踏實以進，再加上機會、運氣的配合才能出人頭地，並非可以僥倖的；如今的你，雖然身懷高深的才氣與智能，但卻懷才不遇，無人識貨，就好像千里馬混跡在劣馬群中，還無機會表現一樣，但是，沒關係，你只要耐得住眼前的不得意，俟機而動，當符合你施展長才的機會到來之時，你要把握機會好好表現（除非你志大才疏，並沒有看得出機會的本領和眼光），那麼你將會在突然之間超拔而出，出人頭地，甚至於將那些只會空言高論並無眞才實學的泛泛之輩，遠遠的抛在後頭。

批斷

得此籤者，除有眞本事外，尚須配合機會或有人引誘乃得成事，故應稍安勿躁，他日自然會功成名就，超拔而上，現在只要事實求是，創機（或待機）而舉。

此乃明珠暗藏、深謀待舉之籤示也。

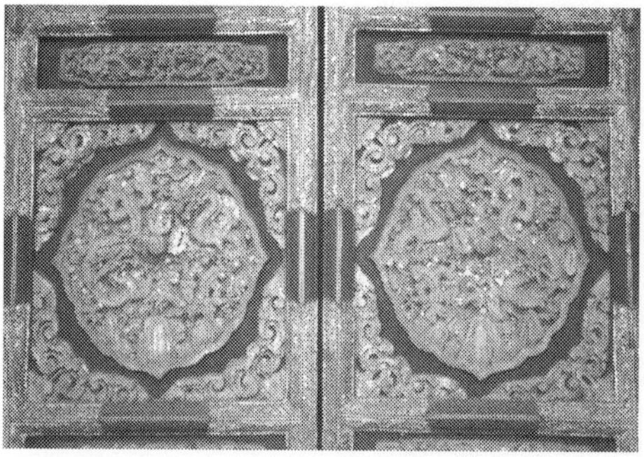

六三

溶溶碧水滿江湖　魚鱉龍蛇樂有餘
多藉東君生養力　春風和氣遍門閭

詞註

一、溶溶：形容水多，水盛貌。

二、碧水：形容水色青青，按：凡水深則色碧，愈深愈碧。

三、滿江湖：形容充滿了江河和湖泊。

四、魚鱉龍蛇樂有餘：形容因爲水盛不涸，而使得水族類生物皆因活動空間夠大、食物夠多而高興不已。

五、東君：司春之神。

六、生養力：幫助生物生長、繁殖的力量。

語解

江河湖泊裏充滿著豐沛的碧水，魚鱉龍蛇等水族生物，也因而爲生命的豐富充實與自由自在而感到歡樂不已，這一切朝氣蓬勃、充滿希望的景象，多賴春神的助長生養之力，使得溫暖又令人心曠神怡的春風遍及全家內外。

批斷

得此籤者，廣得助力，大有可爲，應該不再猶豫，趁時而起。

此乃得時多助、春風滿面之籤示也。

六四

三五嫦娥滿月明　那堪生魄在三更
須知世事多翻覆　天道虧盈鬼禍盈

詞註

一、三五：《禮記》：「四時和而後月生也，是以三五而盈，三五而闕」；疏：「三五十五日而得盈滿，又三五十五日而虧闕也。」後人多專指陰曆每月之十五月圓之夜而言。

二、生魄：人的魂魄。

三、翻覆：同「反覆」，即翻來覆去，變來變去之意。

四、虧盈：使盈滿受到虧損之意。

五、禍盈：使盈滿者受害。

語解

正爲陰曆十五月圓之日，明亮的月光照遍大地，使大地異常光明，此時任何事物都可以看得清清楚楚，那能容得下人的魂魄在三更半夜到處闖蕩遊走，這種月圓的情形，雖然可以讓任何人事物無所遁形，但也不可能永遠如此，因爲做人處世必須要知道世間之事有變化與得失，就好像天道運轉使月亮由盈轉虧、由圓而缺的道理一般，鬼神也將使驕傲自滿、盛氣凌人、目中無人、以強欺弱者受到禍害，使他不能再囂張，並使弱勢者轉強。

批斷

得此籤者，事多反覆、阻難甚多，應謙卑沉靜，修身保福，否則盈者即虧，虧者難盈。

此乃謹防害變、行道遠禍之籤示也。

六五

幾年淹滯在塵埃　一出埃塵色轉新
聲價倏然高十倍　金章紫綬照青春

詞註

一、幾年：多年之意。
二、淹滯：被淹沒而掩藏不顯之意。
三、塵埃：塵土中；形容卑賤而為人所踐踏之處。
四、色轉新：顏色變得清新；光芒讓人眼睛為之一亮。
五、聲價：買賣時所叫出的價格；另亦作「身價」解。
六、倏然：突然間，猛然間。
七、金章紫綬：皆為酬勞賞功之徽、帶類美物。
八、照青春：輝映著美好的人生。「青春」：亦作「少年」解。

語解

多年來的懷才不遇就好像被埋沒在塵土中一般，一旦離開了塵土，將散發出與眾不同、令人眼睛為之一亮的色澤與光彩，於是忽然間，因為受到重視而身價比往昔高出十倍之多，不但如此，還因受到重用以及表現出色而獲得不凡的勳獎酬賞，輝映著美好人生。

批斷

得此籤者，積鬱將舒，才華將顯，眼前的不得意即將過去，不久將突破困局，受到重視，若能記取困厄之苦，努力把握機會，盡才競業，謙沖自持，當能功成名就。

此乃明珠脫塵、利有攸往之籤示也。

○

六六

但把青藜且自扶　休憐喜鵲唾啼烏
直須往探龍蛇穴　自得君王照乘珠

詞註

一、但把青藜且自扶：「青藜」：藜爲一年生之草，莖高五、六尺，修直可以做成手杖。全句爲「只要自己扶持藜杖，步步走穩」之意。（另解：自己要拿定主意。）

二、休憐喜鵲唾啼烏：「休」：莫、不要；「憐」：此作憐愛解；「唾」：鄙視、看不起；「啼」：鳥鳴聲。因爲喜鵲啼聲悅耳，人們視之爲吉祥之鳥，而烏鴉啼聲悲傷，人們視之爲不祥之鳥，故而憐愛喜鵲，厭惡烏鴉；在此則以鵲啼喻親者之言（或巧佞之言），以烏啼喻仇者之言（或逆耳忠言）。全句字解爲「不要因爲鵲啼聲悅耳而愛喜鵲，也不可因烏啼聲悲傷而厭棄烏鴉」，意即不必在乎流言蜚語、人言長短。

三、直須：只要。

四、往探龍蛇穴：前往有龍蛇蟠護的潭穴中探求。（另解：鼓勇直前。）

五、自得：自然能得到。

六、照乘珠：「乘」：音「盛」，為古代之馬車、戰車；全句係指用以照明車乘前後，俾利駕馭進退的明珠（簡稱「照明珠」），形容珍貴的稀世之寶。

語解

只管拿定主意，就好像把你手中的青藜手杖持穩而行，不要忽而愛喜鵲，忽而厭啼烏的在乎人言長短，只要鼓勇直前的向要害之地深入探求與經營，自然會大有收穫，就如同得到照明珠一般。（另解：只管自己拿定主意，不必在乎人言長短，鼓勇直前的向著目標邁進，自然會大有收穫。）

批斷

得此籤者，對自己的判斷要有主見，要篤定，不可因他人不同之意見而改變初衷，只要目標是正確的（合乎法、理、情的），只要經過分析是自己實力所能及的，就可勇往直前，定當大有收穫。

此乃抱持定見、探龍得珠之籤示也。

六七

疾風暴雨吼雷聲　大廈傾頹土石崩
縱有技如盧扁輩　回骸起死信難成

詞註

一、盧扁：「盧」爲古齊國（今山東省）之邑名（地名）；「扁」則爲古之良醫扁鵲；「盧扁」即爲盧人扁鵲之意。

二、回骸起死：即形容起死回生，白骨生肌之意。

三、信：確實無欺。

語解

在狂風暴雨中夾雜著怒雷叱咤的吼聲，惡劣的情況使得大廈傾倒，土石崩裂離析，即使有扁鵲的高明醫術，也絕難改善這種情況使之起死回生的了。

批斷

得此籤者，諸事難成，問病難癒，不可妄爲，否則勢必徒勞無功，故宜做最壞之打算，做最好的準備，或許能「置諸死地而後得生」。

此乃風雨崩山、守分滅凶之籤示也。

〇 六 八

往來漁獵固相宜　步履須教且放遲
厚利高名終有分　春蘭秋菊各當時

詞註

一、往來漁獵：形容奔走求利。
二、步履須教且放遲：必須要教你將動作、步驟放慢些。
三、厚利高名終有分：豐厚的利益與美好的名聲，總會有你的分，少不了的。
四、春蘭秋菊各當時：春天蘭花開，秋天菊花開，各有其時方能盛開，失時則不可能開花；形容凡事之成就各有其時，急不得也。

語解

雖然往來奔走，汲汲營營的追求利益固然不錯，但必須要告訴（教示）你，應將動作、步驟放慢些（多做些周密的配套措施），那麼在時機成熟，條件、實力均能配合的情況下，表面上看來雖然慢了些，但實質上卻能穩紮穩打，實際獲益，到頭來豐厚的利益與美好的名聲，總會有你的分，這就好像蘭花在春天才開花，菊花在秋天才開花，必須各得其時，待其成熟一般，所以這是急不得的。

批斷

得此籤者，對所求問之事宜穩紮穩打，必有收穫，若急於求成，反而致敗，故凡事只要用平常心審慎的努力，那麼時機成熟，自然成功。

此乃緩益急敗、時到功成之籤示也。

〇六九

強賊狼心弦已驚　君須耐守始能生
掩聰不及雷霆震　禱向神祇枉至誠

詞註

一、狼心：野心。
二、弦已驚：令人心驚的弓弦聲已經響起。按：放箭時的弦聲與近戰時的刀兵聲，均係形容令人心驚的戰場氣氛。
三、掩聰：即「掩耳」之意。
四、掩聰不及雷霆震：迅雷震天價響的霹靂而下，令人不及掩耳的震驚不已。
五、禱向神祇：向神明禱告求助。
六、枉至誠：雖然發乎至高的誠意，亦是枉然無功。

語解

在身邊虎視眈眈的賊人，對你已經動了非份的野心，他們可怕的覬覦之心，就好像是射箭時所發出的弓弦聲那般嚇人，在這種危疑震撼的處境中，你必須要沉住氣守住現況，不可輕舉妄動，才會有生路與生機，否則在妄動之餘，極大的危難將如迅雷一般當頭劈下，令你不及掩耳、措手不及，屆時無論你如何的以至高誠意來向神明禱告求助，亦屬枉然無功。

批斷

得此籤者，當留心周遭之人、事、物，凡事謹慎保守，注意言行，不可輕舉妄動，亦不可與人合作任何事業，將可使有、無形之危害降至最低程度。

此乃守分待時、趨吉避凶之籤示也。

七
大器晚成休恨遲　君如欲速反成疑
水深船漏津涯遠　猶藉篙師巧護持

詞註

一、大器晚成：喻有大材器者，晚有成就之意。

二、反成疑：「疑」：在此作「止」解。全句係「反而變成停止不前」之意。

三、津涯：邊岸。

四、猶藉：尚須依賴。

五、篙師：「篙」：爲撐刺河床使船向前推進的長竹竿。篙師者，爲老（精）於司篙者，即今語所謂之有豐富經驗的船家；由於古來海壖皆稱篙師爲「長年」，故亦有推尊之意。

六、巧護持：形容以高超的手法，豐富的經驗巧妙的救助與施爲。

語解

材器大的人，通常都會比較晚些才有成就，就好似姜子牙年高八十才有輔佐明君開國的偉大成就一般，所以不要怪好運來得太遲，因爲愈是偉大的事功愈需足夠的醞釀時間，如果你急欲速成近利，反而會因被人產生疑忌而徒增阻力，到頭來反而不能成功，何況要明白你現在的處境，就有如駕駛一艘破漏之船想要橫渡深湍廣闊之水域，在驚險中尚須依賴精於司篙的船家，施展高超的手法，配合著豐富的經驗來巧妙的爲你護航，那裏還有餘力來追求其他呢。

批斷

得此籤者，諸事不宜，妄動有咎，宜沉潛自省，檢討人、事、物、我之互動關係，追求圓融平和，自有貴人相助。

此乃守困待時、事緩則圓之籤示也。

〇七一
壯士張弓仰射天　應弦有雁落人前
須知此舉多佳趣　得勝回來君最先

詞註

一、張弓仰射天：張開弓向天仰射。

二、應弦：呼應著弓弦的聲音。

語解

壯士雙臂張弓仰天射去，呼應著弦聲響起，飛箭射出的成果是有隻鴻雁被射中而掉落在你的面前，要知道這項作爲是多麼有趣啊，其實這也隱示了你將會在所想要進行的事情上，最先有所斬獲而凱旋歸來的。

批斷

得此籤者，對於所計劃進行的事，大可放手而爲，當有收穫，甚至名利兼收。

此乃應弦有獲、功成名就之籤示也。

〇七二

治事何如理亂絲　怨嗔憔悴恐難為
直須牛馬相逢處　執熱臨風樂有餘

詞註

一、理亂絲：調理錯亂糾葛的絲線。
二、怨嗔憔悴：因怨天尤人而導致精神狀態不佳。
三、恐難爲：恐怕仍然難以做好。
四、直須牛馬相逢處：一直要等到各項人、事、物的條件都能齊備配合之時。
五、執熱臨風：手持熱物讓風吹著以求降溫再用。
六、樂有餘：因事情的成功而高興不已。

語解

治理事情應當要像治理錯亂糾纏的絲線一般，要用耐心、細心的態度與方法才能奏功，如果只是性急，甚至怨天尤人，如此急、亂、忙、錯再加上心態上的怨尤，只會使自己愈發狼狽不堪，到頭來反而欲速而不達；所以你要有耐心的邊等待，邊籌策，等到一切的相關條件都能配合之時，自然可收水到渠成之功，就好像剛剛煮熟的美食高溫難以入口，也不可急於入口，否則勢將燙傷嘴而影響爾後的進食，如果能夠先讓風把它吹涼些再吃，雖然會多花些等待的時間，但當食物稍稍降溫再享用它的美味，豈不令人快樂不已嗎？

批斷

得此籤者，處於事態錯綜紊亂之際，應以耐心逐項處理之，怨天尤人不但無濟於事，反而壞事，應稍待些時日，先籌策週邊相關要件的配合，再進行事體的運作，當可有水到渠成之功，否則勢將欲速而不達。

此乃執熱臨風、待時而成之籤示也。

○ 七三

災患迍邅日有之　不知亨泰在何時

直須去到豬羊地　自有名師與指迷

詞註

一、迍邅：形容難行不進的情形。

二、日有之：形容每天都有，常有之意。

三、豬羊地：係指地支之亥、未年（意即豬年、羊年）。

四、指迷：指點迷津。

語解

你的困厄、災禍不斷，令你茫然不知何時才能亨通得志，稍安勿躁吧！只要到豬年或羊年，自然會有高明的人爲你指點迷津，使你亨通的。

批斷

得此籤者，時值困難、橫逆之際，身心備受煎熬，鬱鬱不得志，此時應持渡厄待時之心理，樂觀的在各種狀況中，抱持學習和累積經驗的態度，那麼未必一定要等到豬（亥）、羊（未）年，只要心態健康的看待橫逆，將阻力化為助力，稍假時日，當會有貴人出現為你指點迷津。

此乃渡厄消災、待時應運之籤示也。

七四
禍欲消除病自痊　醮禳誠意要精專
不須問卜勞鬼神　管取新年勝舊年

詞註

一、禍欲：非份、招禍的欲望。
二、痊：痊癒。
三、醮禳：設置祭禱以解除癘殃的作爲。
四、誠意要精專：要誠心誠意，專心致志，不可三心二意，姑且而行。
五、管取：保證能得到。

語解

只要自我檢點、反省，將原有不好的、會生禍事的非份欲望消除掉，不論是身體的疾病或事業的困難都會自然痊癒、迎刃而解的，此外還要誠心誠意、非常虔敬的設壇祭禱以解除癘殃，如此你將不須求神問卜，保證會一年比一年更好（來年一定會比今年好）。

批斷

得此籤者，務必自省，只要誠意正心，卻除非份之想當能事順病癒，若能虔敬祈禱，當更能消災來福，年勝一年。

此乃除慾解禍、感天進益之籤示也。

七五

美目佳人笑語溫　暗懷匕首要傷君
事如得意須回首　別有仁人為解分

詞註

一、笑語溫：笑容可掬，談吐溫柔。
二、匕首：短刀。
三、別有：另有。
四、仁人：好心人。
五、解分：排解、分化之意。

語解

眼前你身旁的美女正對著你投懷送抱，表面上她對你笑容可掬，談吐溫柔，極盡討好之能事，其實暗地裏她正有如暗藏短刀要傷害你一般的設計你，讓你在毫無戒心的情況下墮入她的毒計中，所以你該當心啊，凡事在自以爲很順利的情況下，要注意回首看看事情的幕後是否有問題，如果你能謹慎而不得意忘形，那麼你將另有好心人爲你排解分化對你不利的陰謀，否則別人想救都救不了你啊！

批斷

得此籤者，凡事不可知進而不知退，不可顧前而不顧後，當心你最親信或最「投你所好」的人，事情愈覺得順利就愈要小心謹慎，以免變生肘腋，猝不及防。

此乃小人算計、謹愼保全之籤示也。

七六

莫誇外護有城池　耗損惟應鼠雀知
智術經綸如不及　鐵錐蛀後悔何遲

詞註

一、城池：即城牆及護城河。

二、耗損：係指看不見、不易察覺的消耗與損壞。

三、惟應：應該只有。

四、鼠雀知：此語源出《詩經》：「誰謂雀無角，何以穿我屋；誰謂鼠無牙，何以穿我墉。」當然只有雀知其如何穿屋，鼠知其如何穿墉，人在毫無警覺的情況下是不知情的。

五、智術：智慧及權謀，認知及手段。

六、經綸：原指古代治絲之事，今人則形容規劃，籌策。

七、如不及：如有不周延，不周到之處。

八、蛀：原指蟲蝕之意，此亦作銹蝕解。

語解

不要因爲外面有城池的保護而誇口安全無虞，要知道再堅固的屏障，都有傾倒的一天，而這種使人在毫無警覺的情況下，從每日些微的耗損到傾倒的實情，應該只有造成損耗的鼠、雀之輩知情了，這種有如滴水穿岩的慢性致命傷，如果你的智慮不及，因而有所疏忽大意，等到事態突然崩潰，一發不可收拾的時候就後悔莫及了，例如每個人都認爲鐵錐堅硬無比，可以用來攻堅摧銳，但只要不注意保養它，當它逐漸銹蝕之後，它可能就不能毀物反而要被毀的了。

批斷

得此籤者，凡事應防患未然，小心謹慎，莫因眼前之「泰」而無視日後可能之「否」，致「否」之因則在於身邊鼠雀小人之輩及細鎖雜碎之事，故不可「以善小而不爲，以惡小而爲之」，否則在得意之餘，恐將崩潰於一旦。

此乃用防失破、殷憂遠禍之籤示也。

〇七七

良賈深藏常若虛　故教箱篋富金珠
小舟易滿無多載　禍起風波有不虞

詞註

一、良賈：善於經商者。
二、深藏：係指將資金、利潤妥當收存。
三、常若虛：看來常有不足。
四、故教：所以會使得……。
五、箱篋：收藏物品的容器；大者曰箱，小者曰篋，今統稱爲箱篋。
六、富金珠：滿裝金銀珠寶。
七、禍起風波：「風波」係指水遇風而興波則舟行者危；全句意爲因遇風波而致禍。
八、不虞：係指「非意料所及」之意外不測情事。

語解

善於經商的人，他爲了避免遭劫掠的危險，總會將財貨等貴重物品僞裝、收藏得好像沒什麼似的，令人不生覬覦非分之心，所以他能平安的累積財富，使得箱篋常常裝滿了金銀珠寶，這就是深藏若虛的道理；反之，器量小、目光短淺、自滿又沉不住氣的人，就好像是裝載不多的小船一般，不但容易滿，又容易讓人一覽無遺，如此不但裝載不多，還容易遭劫，又會因爲貨少船輕，一旦遇到風波衝擊，就會發生想像不到的禍事了。

批斷

得此籤者，恐有不虞之事，或因變生肘腋、猝不及防以致謀望難成，故應臨事謹慎，以臨深履薄之心自我戒持，切不可躁進求功。

此乃持盈招損、深藏保安之籤示也。

七
八
金為從剛多缺裂　水因居下固淵源
請將仁義為干櫓　四海無非為弟昆

詞註

一、金：指堅硬的金屬。

二、從剛：被使用作堅硬之器，被使用於堅硬之處。

三、多缺裂：係指多有折損。

四、固淵源：乃能積聚而成深澤。

五、請將仁義爲干櫓：語出《禮記》；「請將」：請用；「干櫓」：古代以皮革製成抵擋兵刃之用的盾牌，小者稱「干」，大者稱「櫓」，皆指護身盾牌而言。全句意爲「請用仁義做爲我們行事爲人的保障」。

六、四海：《爾雅》：九夷八狄七戎六蠻，此四者謂之「四海」。今可廣解爲天下之人。

七、無非為弟昆：沒有不是兄弟、自己人的。

語解

金屬的物理特性較為堅硬，所以常被人製成堅硬的工具，使用在堅硬之處，在經常硬碰硬的情況下，導致多有折損而愈益破弊，反之，柔弱的水，就因為它的柔弱趨下，不爭高強，乃能匯聚成澤；所以恃強逞勇是不足以為功的，還是請以「仁義」為行事為人的成功保障，你將會發現四海之內、天下之人沒有不是兄弟，且會助你左右逢源的。

批斷

得此籤者，應知仁義和同，廣結善緣，方免因剛致禍，乃可因柔萃福，故凡事不可逞強爭勝，得理亦應饒人三分，須知剛銳易折，上善弱水乃不變眞理，殊應懷抱仁義，柔讓四方，將有左右逢源之功。

此乃以和為貴、路愈寬廣之籤示也。

○ 七九

莫將幻術鴆他人　利口從來不利身
羝羊觸藩方自悔　何如今日莫貪嗔

詞註

一、鴆他人：即毒害他人之意；此指欺人、害人之意。
二、利口從來不利身：凡有利於滿足口腹之慾的事，從來都是對身體不利且係有害的。
三、羝羊觸藩：羝羊的角卡在藩籬之上，形容進退不得。
四、方自悔：自己才感到後悔。
五、何如今日莫貪嗔：何不在今天就免去貪嗔妄念。

語解

不可用不實在的手段去欺人、害人，損人利己的事情雖能滿足一時的慾望，但從來都不會眞正的對身家性命有助益，到頭來在貪得無饜的情況下，就好像有著大角的羝羊在知利而不知害的逐利求進中，角被卡在藩籬上，進不得也退不得，有被人捕殺的危險時才知道後悔，那時已經太遲了，所以既知有此之險，何不如在今天就先行免去貪嗔之妄念以避禍呢？

批斷

得此籤者，凡事應安份守己，勿妄逐妄求，更不可為求全於一己之私而有損人之行，否則將自致進退兩難之困厄，屆時得不償失，損人而又不利己。

此乃羝羊觸藩、即息貪嗔之籤示也。

八〇
宜將活法捲還舒　膠柱調弦抑下愚
巢穴未安宜改創　匱藏美玉待時活

詞註

一、宜將：應該將。

二、活法：好本事、好方法、好才能。

三、捲還舒：「捲」：捲藏收存；「還」：再行；「舒」：舒張、伸張、行世。

四、膠柱調弦抑下愚：「柱」爲瑟上之「雁足」，可自由移易以調弦之緩急者；全句意爲「企圖以膠固定雁足的方法來調和弦聲，這難道不是不知變通的下下愚笨嗎？」

五、巢穴未安：安身立命的地方因屢生變故而未能安定下來。

六、宜改創：應該另外換個地方或換個方法重新開始。

七、匱藏美玉：「匱」：藏物器之大者稱「櫃」；全句為將質地造藝俱佳的美玉收藏在櫃中，形容先將良材偉略潛藏於胸。

八、待時沽：等待適當的時機來臨再彰顯它的美好與美妙。

語解

《易經》有一則道理告訴我們「窮則變，變則通」，任何人或任何事，不論多麼的美好或正確，但在時空因素不能配合的情況下，仍然不能以不變應萬變的執著而臻成功的，相反地應該講求變通，符合時空……等限制因素乃能期其成功。所以現在的你在有志難伸之餘，應認清時務，換個方法，先將你原有的理想、抱負暫時捲藏收存起來，再相機行事，適時伸張，否則若仍沿舊策，不知變通，自以為「擇善固執」，恐怕將碰得頭破血流，甚至壯志未酬身先死。這就好像企圖用膠柱之法來調和弦聲一般，這難道不是不知變通的下下愚笨嗎？既然眼前壯志難伸，又因屢生變故而未能有個安定的安身立命之處，那麼就應該改弦更張，另謀他途重新開始，將既有的理想、抱負或長才像美玉一般的先收藏在櫃中，待時機到來之時再彰顯它的美好與價值，這就是變通的道理啊！

批斷

得此籤者，宜變通待時，革故鼎新，不可拘泥自陷，否則不但仍有挫折，甚且蹉跎其他良機，益增損失。

此乃活法待時、先屈後伸之籤示也。

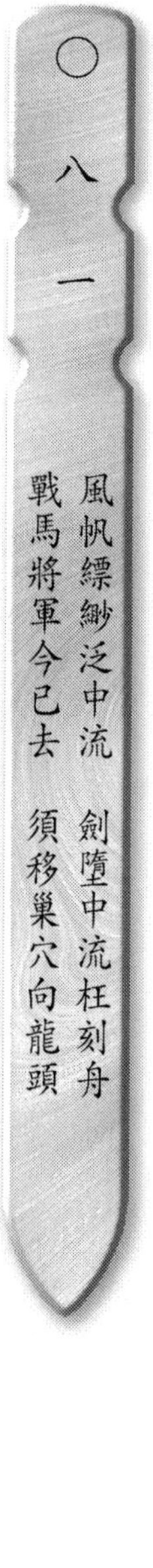
八一
風帆縹緲泛中流　劍墮中流枉刻舟
戰馬將軍今已去　須移巢穴向龍頭

詞註

一、風帆：即帆船受風的帆布；古今多以此形容帆船之謂。

二、縹緲：高遠貌。

三、泛中流：「泛」：浮也；「中流」：係指水流之中，亦即河中。

四、劍墮中流枉刻舟：劍落於河中，即使在船身刻記號，希望能在船停之時再循船身刻記之處找到失劍，此舉必將枉然無功。（按：此即「刻舟求劍」典故之應用；《呂氏春秋》記載：楚人有渡江者，其劍自舟中墜於水，遽刻其舟曰，是吾劍所從墜也，舟止，從其所刻處，入水求之，舟已行矣，而劍不行，求劍若此，不亦惑乎。）

五、已去：已分離。

六、龍頭：即古之龍首山，形容形要安全之地。

語解

一艘船揚帆孤行於河中，壯瀾奔騰的河面襯托著船身，益發顯得船的微不足道，此時船中之人的配劍不經意的落入河心，即使立即在落劍之處的船身邊刻下記號，做為停船時循記找劍的指標亦是枉然無功的，這種情況，就好像將軍失去了戰馬，僅能徒步作戰是一樣的徒勞無功。所以，既然知道渺小的自己在大環境的限制中，會有徒勞心力的情形，就必須早將自己的根本（志向或安身立命之處），移向有如龍首山那般穩當安全之地，然後徐求發展，才能期其有成。

批斷

得此籤者，所問欲舉之事，率皆將徒勞而無功，此除方法有誤外，亦係大方向的不利因素所致，遂有龍脫淵、虎離山，難以發威的情況，此際尤應停止舉措，先求穩當，次求變化，切莫心急。

此乃諸事枉然、守舊安常之籤示也。

八二
舉動猖狂信任輕　岸移不悟是舟行
欲求佳偶相和合　草木頭邊是姓名

詞註

一、舉動猖狂：「猖狂」原意爲妄行不可箝制；今人通作「任性隨便」；全句爲：舉措失慮而任性隨便。

二、信任輕：此指「輕易的信任他人」。

三、岸移不悟是舟行：人在舟中，只見兩岸的景色向後移動而消失，卻不能領悟這種情形原來是船向前行所造成的，並非岸向後移；這是形容當事人輕狂、不自省的程度。

四、佳偶：好的伙伴、好的合作對象、好的配偶。

五、相和合：相互配合合作。

六、草木頭邊是姓名：意指姓氏有「草頭」（即艹、或艸）或有「木」字邊的人。

語解

你的決定和舉措太過輕狂隨便，任意的相信他人，甚至達到「只見岸移，不悟舟行」的執迷程度，這將會使你落入險不可測的境地，所以如果你想找一位好的合作伙伴或婚配的對象，那麼理想的人應該是姓氏上有「草頭」（艹、艸）或有「木」字邊旁者。

批斷

得此籤者，所問之事應重新審愼檢討，除做通盤計畫的再考量外，尤應針對心中已然設定的合作（或婚配）對象謹愼評估，凡事皆不可輕信、妄動，須知眼前的好，往往都是因爲「不悟舟行」的自以爲是所認定的，如此必將自入險境，故應愼選伙伴。

此乃岸移不悟、躁進有險之籤示也。

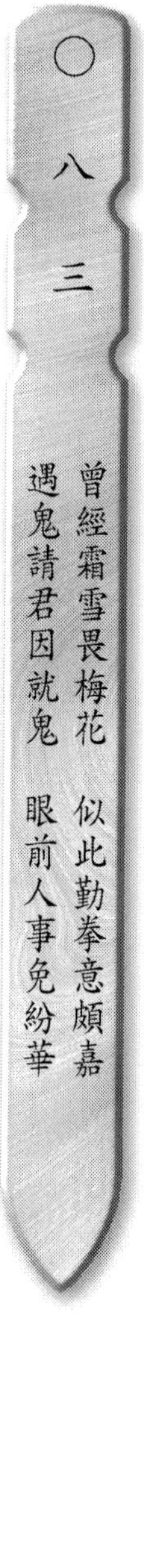
○八三
曾經霜雪畏梅花　似此勤拳意頗嘉
遇鬼請君因就鬼　眼前人事免紛華

詞註

一、勤拳：形容雖然光陰荏苒，然而仍不變節的奉持誠衷。

二、意頗嘉：這種意志頗值嘉許。

三、遇鬼請君因就鬼：遇到工於心計的小人，在與其互動之間要懂得虛與委蛇的應付之道。（如此進退有方，才不至於吃虧受害，否則對付這類小人而仍用一板一眼的正人君子之道，那會吃虧受害的。）

四、眼前人事免紛華：意指應謹守分際，在權責範圍內多觀察，少論斷，如此則可避免介入人事紛擾的衝突。

語解

你的傲骨挺立、堅持原則，就好像梅花一般的歷經霜雪的考驗，度過了許多困難，像這樣任時光荏苒也不變節的奉持意志，頗值得嘉許，但是儘管如此，你在遇到了與工於心計的小人有互動關係的時候，仍然要懂得虛與委蛇之道，才不會被小人所害，至於當前紛紛擾攘的人與事，你應謹守分際，即使在權責範圍之內亦應多觀察、少論，如此方可避免捲入是非，保持客觀與超然的地位。

批斷

得此籤者，將會面臨到較往昔漸更不安的局面與情勢，因應之法在於抱持原有的君子之道外，亦應運用委蛇之道配合之，切不可固執，故應儘量保持客觀、超然的立場，避免介入是非。

此乃知機守分、退守和合之籤示也。

八四
事如失馬不須愁　寧耐身心莫妄謀
作善終須來百福　明朝喜慶又從頭

詞註

一、失馬：係指「塞翁失馬，焉知非福」的典故。

二、莫妄謀：不可亂出主意想得到什麼。

三、明朝，並非實指「明天」，而是指「不久的將來」、「過些時候」的意思。

四、又從頭：又重新開始。

語解

你認為不如意的事情，其實就好像「塞翁失馬，焉知非福」一般，那是不需要去煩愁的，你應該保持平常心，不要亂出主意想去挽回什麼，如此不僅徒勞，甚至將徒增失意與困擾，要知道只要我們行善積德，不計較得失，那麼終有百福臻祥之日，所以你將在不久的將來又重新享有喜慶臨身的歡樂。

批斷

得此籤者，應達觀自適，不計較一時之得失，抱持既有美好的德性以作爲之，不久自然再享喜慶。

此乃失意復來、後獲吉昌之籤示也。

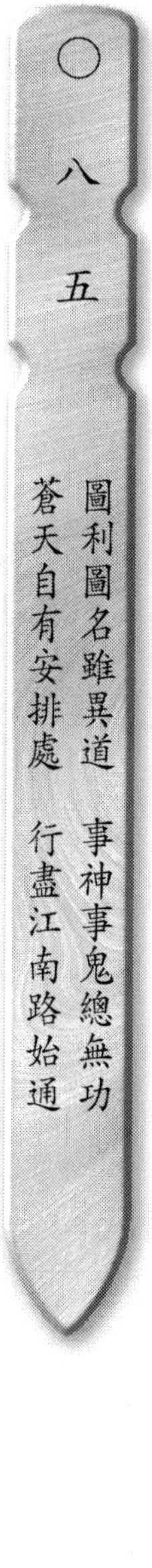
八五
圖利圖名雖異道　事神事鬼總無功
蒼天自有安排處　行盡江南路始通

詞註

一、異道：方法不同。

二、雖異道、總無功：有殊途同歸之伏筆。

三、江南：江南的人心、地理均較北方多變而複雜，故以此喻人生百態及諸般際遇。

四、行盡江南：爲歷盡滄桑、領略人生之意。

語解

求名、求利的方法雖有不同，然而用盡了各種明、暗手段，結果卻都是一樣的徒勞無功，其實這已顯示了人各有命，蒼天自有它的安排和帶領，你在歷盡滄桑後，將會體會到只要盡到我們做人應有的責任和義務，一切順其自然，隨遇而安，無所妄謀逆取，你將因而開始通達。

批斷

得此籤者，凡事應自然隨機，切莫妄謀逆取，否則將徒勞無功，益發懊惱，只要隨遇而安的盡本份，聽天命，如此反而會有收穫。

此乃逆取無功、隨遇聽天之籤示也。

〇
八六
一聲霹靂動天門　萬國懽忻雨露新
不但蛟龍能奮發　飛潛動植盡沾恩

詞註

一、一聲霹靂動天門：「霹靂」爲雷之急者，即今所謂之迅雷。全句係形容大地突然響起一記霹靂迅雷，聲徹雲霄。

二、萬國：天下、各方。

三、懽忻：即今之「歡欣」。

四、雨露新：降下新的雨露甘霖滋養生靈；形容有新的恩澤之意。

五、飛潛動植：即指天上的飛禽類、土中的昆蟲類、水中的水族類、地上的動植物類等眾生。

語解

沉悶已久的天氣，突然間平地一聲雷，響徹雲霄，帶來了久違的雨露甘霖，令各方都歡欣不已，此時不但是蛟龍奮起沖天的機會，也是眾生皆受恩澤的時刻。

（此係形容一個人在困頓、沉潛之後，平地竄起，不但能讓自己享有長才得展的成就感，同時也讓許多人因此而受益。）

批斷

得此籤者，將脫困出厄，克展長才，所謀有成，恩貴扶持，同時恩沾四方，造福眾生。

此乃蛟龍奮起、成就人我之籤示也。

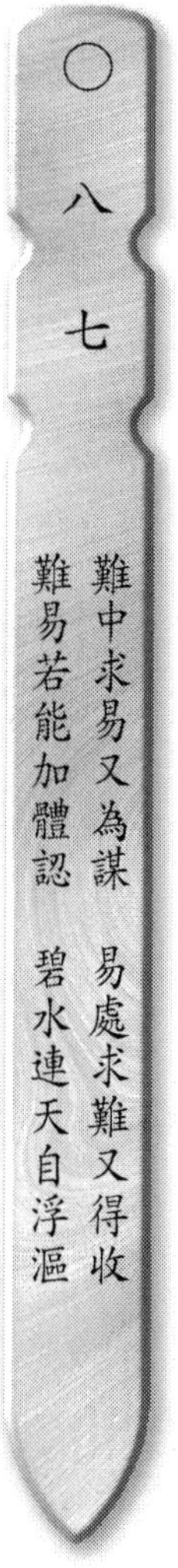
八七
難中求易又為謀　易處求難又得收
難易若能加體認　碧水連天自浮漚

詞註

一、浮漚：即水面上的泡沫也。昔蘇軾有詩曰：「持歸問禪翁，笑指浮漚沒。」凡謂世界無常，多以浮漚爲喻，言其生滅之易也。

語解

面對挑戰性高，困難度強的問題時，你總會爲了便於解決問題而想盡化繁爲簡的辦法；但當你處於平淡、平順時，卻又因爲百般聊賴，而又希望能有掀天揭地的表現機會，藉有收穫；其實只要對這種忽而求難、忽而求易的情形稍加體察便會發覺，原來這一切都是隨著內心世界的變化，而對外物賦予不同的認知與追求，好像海天一色般，能夠賴以辨別海與天一線之差的，竟是隨生隨滅的水上浪花、泡沫而已。這也就明白顯示出，當我們內心動了任何不同價値或認知的意念，就好似海上起了泡沫，讓我們經由泡沫的產生，而對外在事物的高下做不同的評價與選擇；當內心停止動念時，就好似海上的泡沫消逝，又恢復海天一色的澄明，偏偏我們常常隨著內心的瞬息萬變，而同步有著瞬息萬變的取捨好惡，這就是我們內心煩惱不定的癥結所在。

姑不論我們有何認知、有何選擇、有何舉措或海上有無泡沫，畢竟海還是海，天還是天，難還是難，易還是易，不會因爲我們的認知如何、選擇如何，而有存在與否的問題。所以只要我們不是有如倏生倏滅的泡沫那般，一切轉念都是爲了利己自私、滿足當下的善變小人，不論我們所面對的是橫逆、是順泰、是絢爛、是平淡，我們都該以厚生利民、包容成全的雍容態度一貫面對，就像是海天相連的「天人合一」一般，如此自然就會靈性澄明而沒有「興起興滅」的煩惱了。這就是應該用「心」去改變對世界、對外物、對順逆的認知，而不可反受物役的隨外在變化而起伏的修爲吧！

批斷

得此籤者，所問之事多有變化，內心之想望亦時有起伏，所以自己內心一定要拿定主意，確定方向，合乎義理當爲之事，則應偏向虎山行，當能入虎穴而得虎子，若只在乎趨利全私，則有坦途遇盜之失。

此乃明心見性、定志而得之籤示也。

八十八

鷸蚌相持漁者利　大家何用苦紛紛
正人萬事皆從正　回首西山望白雲

詞註

一、鷸蚌相持漁者利：喻爭持不下，同蒙其害之意也。（按：《國策》記……蚌方出曝，而鷸啄其肉，蚌合而箝其喙，鷸曰：「今日不雨，明日不雨，即有死蚌。」蚌曰：「今日不出，明日不出，即有死鷸。」兩者不肯相捨，漁者得而並擒之。）

二、從正：循正道而爲。

三、回首：回顧、回頭看看，回想之意。

四、西山：爲山名，我國尤以此名稱世之西山有七處（此從略），都是名山；此處係借喻西山之穩重而世代受人景仰之意。

五、白雲：形容世事之變幻不測。

語解

鷸蚌爭持不下的結果是雙方受害，反而讓漁夫撿到便宜，所以大家何必爲了眼前的事而爭得你死我活，反倒忽略了更危險的事呢？正人君子凡事都循正道入手，做正義的事，而小人卻是想盡方法，不擇手段的圖一己利益之私，所以孔子說：「君子喻於義，小人喻於利。」大家回頭看看，也回想一下，世事的變幻莫測是否如同西山上的白雲那般變化不定呢？既然如此，還有什麼好爭的呢？何況這種倏然將過的利益，值得我們去爭嗎？

批斷

得此籤者，凡事知止當止，不可意氣用事，不可執著爭持，應知以和爲貴，化解爭訟方爲上道，否則另有後患，不可不慎。

此乃鷸蚌相爭、以和爲貴之籤示也。

〇 八 九

荷中珠露照人明　一陣風來珠露傾
莫信傳聞虛妄語　九江波浪未安寧

詞註

一、珠露：形容像珍珠那般美好圓潤的露水珠。

二、照人明：即光可鑑人，令人眼睛爲之一亮；係形容吸引人注意、愛好的意思。

三、虛妄語：即子虛烏有的空話、假話。

四、九江波浪未安寧：「九江」爲地名，位於長江與洞庭湖口處，係江與湖相匯而波濤洶湧之地；此句是形容人的內心受到傳言的影響，而產生有如九江波濤般洶湧不平的情緒起伏。

語解

荷葉上的露珠像珍珠般的明亮，非常令人激賞，但是它不像眞的珍珠可以很實在的在手中把玩，也不像珍珠那般眞正地有著昂貴的價値，它充其量只不過是「很像珍珠的露珠」而已，因爲當一陣風吹來，荷葉翩傾時，露珠便都外溢散逝了，這證明了它並非眞實的珍珠，這種情形就啓示了你對當前的不實傳言，不可相信，也不必受到這些虛言妄語的影響，讓你的情緒有如九江波浪般的洶湧不寧。

批斷

得此籤者，此時宜對紛紜之說，用冷靜的態度理性分析，辨明眞僞，凡事不可輕率，勿受人言影響而產生憎愛進退之心；對自己原計畫之事，亦應再次深入評估其可行性及相關配合的條件是否成熟、篤定，否則恐有鏡花水月般的後果。

此乃荷露風反、智取虛實之籤示也。

九〇
醉眼生花不自安　莫將弓影做蛇看
門前樹老人方貴　江上潮平舟自還

詞註

一、醉眼生花：形容醉酣之際錯看假象之意。

二、不自安：使自己心頭不安。

三、莫將弓影作蛇看：此句爲「杯弓蛇影」之衍用，係形容「不可將映在酒杯內的弓影當作蛇在杯中來看待，因爲它畢竟是虛幻的」，意即不要因爲自己的疑心而錯看了事實的眞相。

語解

不可有如「杯弓蛇影」般的用醉眼錯看假象，造成「以虛爲實，以假當眞」的自欺效果，其實你現在所規劃的事情，亦不可因錯估而過於樂觀，其可預見的情況，不僅有如要等到門前之樹變老後，才可有富貴可享，亦有如要等到江面上起伏漲退的潮水變得平靜之後，遠去的船自會歸來一般，是必須長久等待才能有所收穫的。

批斷

得此籤者，所問之事多虛少實，勿因假象而動心，勿因錯估而樂觀，諸事莫輕進，仍似守舊為宜，否則要有「樹老人貴、潮平舟還」的心理準備。

此乃弓影疑蛇、醉眼生花之籤示也。

九一

壯士須當達太虛　君如趨下有災虞
一朝忽中暗中箭　何異清淵龍化魚

詞註

一、壯士：此作有理想、有志氣的人。
二、太虛：係指天空，形容理想、目標高遠之意。
三、趨下：形容背離高尚而趨於下流、隨波逐流之意。
四、有災虞：即有災殃。
五、一朝：係指「不一定在什麼時候……」之意。
六、忽中暗中箭：即忽然之間被暗箭所傷。
七、何異：即「有何不同於……」之意。
八、清淵：清澈的潭淵。
九、龍化魚：原有黃河之鯉壯碩得道，得躍龍門而變為龍之傳說，此處卻反龍而變為魚，是形容愈來愈差，每下愈況之意。

語解

一個有抱負、有理想的人，應有氣貫斗年，凌達太虛的志節，而若隨俗起伏，益趨下流，將有災殃，若不能及時自省而力爭上游，那麼不一定在什麼時候，你將會被暗箭所傷，屆時身敗名裂的情況，與清淵中之龍一變而為魚肆中待售、待烹之魚的情形又有什麼不同呢？

批斷

得此籤者，應立志高尚，潔身自愛，力爭上游，切不可誤交損友或受世風影響而下流隨俗，否則將致身敗名裂。

此乃由龍化魚、戒趨下流之籤示也。

九二

莫挺豪強莫附炎　須知剛克在沉潛
能于淡處尋濃味　天道流謙地益謙

詞註

一、挺：形容挺立身軀，狀其勇毅也。
二、豪強：謂勢力強大者。
三、附炎：投靠有名利地位者（與趨炎附勢同意）。
四、剛克在沉潛：「剛克」即以剛治之也。「沉潛」：即沉深潛伏，性之柔者也。全句之意係引用《書經·洪範》中「強弗友剛克，燮友柔克，沉潛剛克，高明柔克」之語，其意爲「立教雖殊，成人一也」，即教法不同，然其造就人的成果卻是一樣的有效；其教法不同之處即在於「……沉潛剛克，高明柔克」中，意即對性格柔弱者，宜以剛烈之法調教之，使之剛柔中和而成之。此處「剛克在沉潛」係「沉潛剛克」之文法倒置，故其意亦爲「以柔治剛」之意。

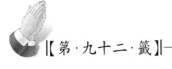

五、淡處：看似平淡無奇之處。
六、濃味：值得雋永玩味的奧妙。
七、流謙：「流」者，布（佈）也；「流謙」係指「處處顯示出卑遜而不該自滿的啓示」。
八、地益謙：係指地道較天道更爲謙下之意。

語解

爲人處世既不需與豪強相對抗，亦不必趨炎附勢的去投附有權勢者，這些都是極強而又不止確的方法；須知「剛克沉潛」就是告訴我們「以柔治剛」、「以柔克剛」的道理，若能具備這份修爲功夫，你當能在別人看爲平淡之處，尋得令你值得雋永玩味的奧妙而自得其樂，其實看看無所不覆的天和無所不載的地，它們是那麼的強大有力，眾生賴以而生存，不可須臾有失，然而不但天道周流六虛，處處顯示出卑遜而不自滿的啓示，而地道又更是如此，那麼賴天地而生存於其間，既卑微又渺小的我們，怎能不學習其謙遜之道呢？

批斷

得此籤者，處世爲人切莫過於好強，應法天地之道謙卑退讓，如此福雖未至，禍已遠離，修爲日久，當能玩味自得於其中，否則將有「剛則折」不虞之患。此乃知剛克己、沉潛謙守之籤示也。

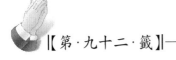

九三

蛟龍戰鬥事非常　魚鱉無辜及禍殃

所得未能償所失　更于陰地細評量

詞註

一、陰地：墳墓中；意指陰曹地府。

語解

威猛有力的蛟龍在水中互相纏鬥，事態非比尋常，甚至還殃及附近來不及躲避而被無辜波及的魚鱉：等各類水族生物。在鏖戰終日又殃及無辜的情況下，蛟龍雙方都得不償失，最後又兩敗俱傷、同歸於盡的到陰曹地府去仔細的評量是非、對錯與得失，如此造成對自己、對別人都傷害的結局恰當嗎？

批斷

得此籤者，凡所謀求，其結果皆害人害己，得不償失，甚且生前有過，死後有罪，故應修和自制，以「己所不欲，勿施於人」之標準，檢審自己的所做所爲，凡害人利己之事皆應停止，何況害人又不利己之事，如此方能積德致祥。

此乃龍鬥魚傷、有損無益之籤示也。

九四
毛羽自浮石自沉　就中得失莫容心
但將仁義為心法　無臭無聲自鑑臨

詞註

一、毛羽自浮石自沉：輕的羽毛放在水上自然會浮而不會沉，反之，渾重的石頭放入水中自然會沉而不會浮。這是形容浮沉係決定於自身的特質與實力，其結果已然分明，不可改變的意思。

二、莫容心；不要放在心上。

三、無臭無聲：《詩經》曰「上天之載，無聲無臭。」〔註〕「天道難知，聽之無聲，嗅之無臭也。」今以喻人之無聞於世者，然此處仍爲上天、上帝之代名詞。

四、自鑑臨：自有鑑察而報之。

語解

只要將羽毛和石頭放入水中，那麼就立即產生羽毛浮起而石頭下沉的明顯差異，而這種浮沉的差異實在是決定在它們本身的特質與實力，這是人力無法改變的事實。現在你所面臨的情形就是如此，所以你就不要把得失放在心上，也不可灰心，只要常將仁義放在心中，做為凡事取捨進退的標準，守其應守，為所應為，抱持不計毀譽、不計成敗利鈍的態度依義而行，那麼鑑察人心的上天（上帝）一定會降福報於你的。

批斷

得此籤者，此時進有不利，宜於守舊，然而只要堅守君子之道，慎重安常，久則可感於天而獲福報。

此乃進退不利、安常待機之籤示也。

九五
欲誅逆黨信非難
諭可回天力拔山
況復體仁無妄殺
三軍將有凱歌還

詞註

一、論：議也；此指計策、方略之意。

二、體仁：「體」者包涵也；「體仁」爲以仁心包涵之意。

三、妄殺：濫殺。

語解

你想要誅滅叛逆者們的理想相信不難達成，不論就你的計策、方略或實力而言，都可以扳回局面，力挽狂瀾，何況你還能以寬仁之心包涵而不濫殺，使得元凶巨憝以外的附庸都能因而望風請降，所以不久之後三軍將高唱凱歌得勝歸來。

批斷

得此籤者，凡事用心勞力，益之以寬仁包容之涵養才能有所成功，俗語說：「得饒人處且饒人」，爲別人留一條路，其實就是爲自己日後留一些轉圜的空間，所以雖「得理」又有實力，然應在達成理想之餘，多用寬仁。

此乃勞心費力、體仁得勝之籤示也。

九六
登山始信天尤遠　入水方知地更深
回首家鄉尋熟路　白衣親舊自知音

詞註

一、尤：太過之意。

二、回首：此作返回。

三、白衣：尋常百姓。

四、親舊：親友舊識。

五、自知音：「自」者爲不期而自然無勉強之意。此作「……竟然還是最瞭解我的知音」。

語解

當你登上高山之後，才相信天仍然是遠不可及的；當你潛入深水之中，才知道地的深厚更是難以測量的；原來當你忙了一場之後，才發現與理想目標仍有極大的一段距離，而且似乎不可能達成，此時的你循著舊路返回家鄉（原來的本行、本業、本位），才知道原來最平常、看似沒啥成就的親友舊識，竟然還是最瞭解你的知音哩。

批斷

得此籤者，所問之事勞而無功，此時不如守舊，何必沉吟，或許較能如魚得水。

此乃登山入水、回首有路之籤示也。

九七

幾年鼓瑟齊門外　道不相同事轉差
錯路若能回故步　春風何地不開花

詞註

一、幾年：經年或數年之意。
二、鼓瑟：彈瑟，此作貢獻心力、才智解。
三、齊門：原係春秋吳都之東北門，此作「權貴之門」解。

語解

經年的追隨在權貴大戶邊彈瑟（貢獻心力、才智），希望也能博得個人的成就，誰知卻因理念和經營的方法不同，造成自己的努力付出與應有的收穫愈來愈不成比例，此時若能停止行進於這條錯路之上，踏著過去的腳印重新起步，那麼你將面臨有如春風吹過處處開花的新景象。

批斷

得此籤者，現行所爲殊不得志，若再接再厲，狀況仍然不會理想，不如回首過去，重操舊業，將能花開處處。

此乃進路不通、舊途春風之籤示也。

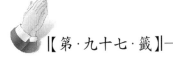

〇 九八

美玉璠璵價莫酬　壯如砥柱矻中流
任他鄰伴生嗔喜　暑往寒來春復秋

詞註

一、璠嶼：魯之美玉名（見《論語》）。
二、酬：即「報」的意思；此作計算。
三、矻：勤勉。
四、嗔：怒也。
五、暑往寒來春復秋：年復一年之意。

語解

你的本領、才華像璠璵美玉那般的難以金錢價值來計算，所以你既然有如此美好的條件，你就不可對眼前的狀況輕易的產生退變之心，反倒應該在現況中發揮強韌的勤勉精神戮力表現，就像是強壯的中流砥柱一般，屹立不搖，隨便同事（同行）或旁人如何的表示喜怒（善意或惡意），你都應該年復一年的保持敬業的常態才好。

批斷

得此籤者，應持守現職，安如砥柱，不可輕用進退，以免得不償失，俟環境另有變化時再議進退爲佳。

此乃美玉有價、待時而作之籤示也。

九九
揠苗助長是狂謀　見卵無為時夜求
自有一區得卜吉　請君回首探源流

詞註

一、揠苗助長：（按：宋人有愍其苗之不長而揠之者……謂其人曰……予助苗長矣；其子趨而往視之，苗則槁矣。揠苗者也，非徒無益而又害之。）「揠」者拔也，全句文意是「以將禾苗拔高的方法來幫助禾苗長得高些」，這是形容方法錯誤而愈作愈有害。

二、狂謀：誇張虛妄的想法。

三、見卵無爲時夜求：爲了要讓蛋快孵出，只知道日夜時刻不停的求蛋快出鶵，卻不用正常的孵法。

四、一區：「區」爲古代出間種植的面積單位，依舊制田地一畝內分二千六百五十區，故「區」爲最基礎的種植面積單位。

五、得卜吉：形容可以有好收成。

六、回首探源流：回頭查探灌溉水的源頭是否乾涸或豐沛；形容應就現況回溯探究前因俾便改進之意。

語解

以拔苗的方式來助禾苗長快些，這是誇張虛妄的想法；而不用正常的孵法，卻以日夜時刻不停的求蛋快出鶵的方式也是同樣的荒謬，以這些錯誤的方式努力，其成功的機會只有千、萬分之一，是不可能的，所以建議你還是以回首探源、正本清源的方式重新探討原因以利改進為宜。

批斷

得此籤者，所行之事，方法、策略有誤，以致求興卻衰，求旺反災，值此之時，應稍安勿躁，自我確實檢討事態的前因後果，然後審時度力，相機再舉，否則急進之下無所得卻有大失。

此乃躁進自陷，回首探源之籤示也。

一〇〇
居間虛耗建瓴勢　臨事艱難逆水船
雖有佳人調密約　好姻緣是惡姻緣

詞註

一、居間：係指在……（情況）中。

二、虛耗：白白浪費了……。（意指沒有發揮應有價值之意。）

三、建瓴：「瓴」者，盛水瓶也；「建瓴」是指在高高的屋頂上倒出瓴瓶之水，以其水快速下衝的情形來形容「得勢易成」之意。

四、佳人：對我友好者。

五、調密約：暗中協助調處。

六、好姻緣是惡姻緣：表面上看來不錯，實際上卻是不好。

語解

虧你居於原可輕易乘勢而成的建瓴之勢，卻未能好好運用，以致事到臨頭情勢逆轉，處理起來倍增困難，就好像逆水行舟一般，雖然有人爲你暗中協助調處而能夠勉強成就，但實質上已經不是原來所預期的那麼一回事了，它充其量表面看來還可以，實際上卻是不好的。

批斷

得此籤者，機勢已失，此時好事變壞，諸事莫爲，即便勉強有成，其中後遺症仍多，殊爲不利，應即停止經營，愼重自持，守困待時爲宜。

此乃失機失勢、逆水行舟之籤示也。

一〇一
孕必生男誠坦然　婚姻佳偶價多錢
田蠶豐熟皆遂意　六畜孳生事事便

詞註

一、坦然：此作「該得的」解。

二、價多錢：此作「身價不凡」、「出身不俗」之意。

三、田蠶：原指種田養蠶的耕織情形，今則泛稱生產事業。

四、六畜：原指馬牛羊雞犬豬等六種禽畜類，今則泛指家中所飼養的一切牲口（生物）（當然係指對主人家業有益的生物）。

五、孳生：繁衍、生發之意。

六、便：順也、利也、宜也。

語解

懷孕就必生男，這是該有的福份；婚配的佳偶也是出身不俗、身價不凡的好對象；種田養蠶樣樣豐收，生產事業也都順利；六畜繁生，家業興旺，事事順利，得心應手。

批斷

得此籤者，生機無窮，家道和樂，事事順心，椿椿如意，此時宜乘機順勢而為，將可大有興發與收成。

此乃天福臨門、趁心遂意之籤示也。

國家圖書館出版品預行編目資料

關聖帝君籤詩開示語錄 / 陳亮甫著. -- 初版. -- 新北市：華夏出版有限公司, 2023.06
面； 公分. --（Sunny 文庫；303）
ISBN 978-626-7296-13-4（平裝）
1.CST：籤詩

292.7 112002900

Sunny 文庫 303
關聖帝君籤詩開示語錄

著　作　陳亮甫
印　刷　百通科技股份有限公司
電話：02-86926066 傳真：02-86926016
出　版　華夏出版有限公司
220 新北市板橋區縣民大道 3 段 93 巷 30 弄 25 號 1 樓
電話：02-32343788 傳真：02-22234544
E-mail：pftwsdom@ms7.hinet.net
總經銷　貿騰發賣股份有限公司
新北市 235 中和區立德街 136 號 6 樓
電話：02-82275988 傳真：02-82275989
網址：www.namode.com
版　次　2023 年 6 月初版一刷
特　價　新台幣 350 元（缺頁或破損的書，請寄回更換）

ISBN-13：978-626-7296-13-4